CODE

DE

LÉGISLATION FRANÇAISE.

DIVISÉ EN TROIS PARTIES.

COMPOSÉ

DE TROIS CHARTRES FONDAMENTALES.

TRANSACTIONS NATIONALES,

CONCERNANT

LA SOLUTION PATRIOTIQUE

DES PROBLÊMES:

1º. *DE LA VRAIE LIBERTÉ POLITIQUE de la Constitution Française.*

2º. *DE LA VRAIE LIBERTÉ PUBLIQUE de la Nation française.*

3º. *DE LA VRAIE LIBERTÉ CIVILE de tous les Citoyens Français.*

Par GOUPY DE MORVILLE.

Se trouve A *PARIS,*

CHEZ LES MARCHANDS DE NOUVEAUTÉS.

AN VIII.

PRÉCIS

1°. D'un Code de Législation française.
2°. D'un Code-Pratique d'administration militaire; suivi d'un Plan général d'organisation administrative de l'armée.

PRÉSENTÉS

AU GÉNÉRAL BONAPARTE,

PREMIER CONSUL

DE LA RÉPUBLIQUE FRANÇAISE.

PAR GOUPY DE MORVILLE, CITOYEN FRANÇAIS.

Ancien Commissaire des Guerres, *réformé le 1er. Juin 1788,* ci-devant chargé de l'exercice du département militaire de la Province de la Lorraine-Allemande.

O quisquis volet impias
Cœdes rabiem tollere civicam;
Si quœret, pater urbium,
Suscribi statuis, indomitam audeat
Refrœnare Licentiam,
Clarus post genitis, ...
. . . .

« *O vous qui désirez d'éteindre la rage des guerres civiles, et d'arrêter le cours de nos parricides! voulez-vous que des statues élevées en votre honneur, joignent à votre nom celui de* PERE DE LA PATRIE? *Osez mettre un frein à la licence indomptable; et soyez sûr des hommages de la postérité.* »

N o t a.

Ces deux Productions Patriotiques peuvent former six volumes, grand in-quarto.

S a v o i r:

Le Code de Législation Française, deux volumes de 7 à 800 pages d'impression chacun.

Le Code-pratique d'administration militaire, quatre volumes de 6 à 700 pages d'impression chacun.

« *Quæ si longa fuerit Oratio cum magnitudine comparetur, ità fortassis brevior videbitur.* »

(*Cicer. de Offic.*)

« Si l'on mesure mon ouvrage à la grandeur de mon entreprise, peut-être le trouvera-t-on trop court. »

AVANT-PROPOS.

JE supplie le Gouvernement de ne point perdre de vue que c'est,

1°. *En Décembre* 1789;

2°. *En Février* 1792;

3°. *En Novembre* 1795;

que j'ai présenté, tant aux États - Généraux, qu'aux différentes Assemblées nationales qui les ont suivis, les Précis de ces deux Productions patriotiques : (*) en conséquence je conjure le Gouvernement de ne point les juger trop précipitamment *sur la forme* sous laquelle je prends

---

(*) J'observe que d'après un rapport aussi sage que profond, fait le 3 fructidor de l'an 6, par un Membre très-éclairé du Conseil des Anciens, concernant :

1°. *L'anéantissement salutaire de la multiplicité désastreuse des abus ruineux pour les finances de l'État, qui obsèdent de toutes parts, les diverses branches de l'administration générale de la Guerre.*

2°. *La formation aussi précieuse, qu'utile et nécessaire, d'écoles spéciales pour l'instruction des Commissaires des guerres, qui rendissent à l'administration de la Guerre, une heureuse uniformité. etc. etc. etc.*

Je me suis empressé d'adresser à ce Membre patriote du Conseil des Anciens, les manuscrits en près de 400 pages in-folio,

1°. *D'un plan général d'organisation administrative de l'armée, résumé dans les projets,* 1t. *d'un nouvel édit, concernant la vraie constitution du corps des Commissaires des guerres;* 2t. *et d'une nouvelle ordonnance, relative à la composition équitable, à l'organisation sagement combinée, aux fonctions et aux devoirs des Commissaires des guerres.*

2°. *D'un projet d'ordonnance, concernant les revues des Commissaires des guerres, à laquelle sont annexées vingt-*

a ij

la liberté de les lui présenter aujourd'hui, *quelque peu analogue qu'elle soit* avec le Gouvernement républicain actuel de la France ; mais en y substituant de sa part la forme qui leur convient, (*) je supplie avec instance le Gouvernement de péser impartialement dans sa sagesse équitable, les dispositions patriotiques, développées dans ces deux productions nationales, *dont je ne suis purement et simplement que le fidèle et littéral éditeur*; j'ose croire qu'à l'exception uniquement *de cette forme présentement inconstitutionnelle*, mes propositions patriotiques pourront quâdrer sous tous leurs différens rapports fondamentaux et constitutionnels, avec les vues générales et bienfaisantes du Gouvernement.

---

une pièces, ou différens tableaux et états, pour en faciliter l'exécution sous tous ses différens rapports.

RÉPONSE
de ce Membre du Conseil des Anciens, à cet envoi.

« 16 Vendémiaire an 7 de la République Française. »

« *J'ai reçu et lu en partie, Citoyen, l'ouvrage que vous m'avez fait le plaisir de m'adresser relativement à l'administration générale de la Guerre. J'y ai reconnu les principes d'un ami zélé de la patrie et dévoué à plaider ses intérêts; recevez-en mes sincères remerciemens. Je remplirai vos vœux en les transmettant à la Commission militaire du Conseil des 500. Je ne doute pas qu'elle fera usage de vos excellentes observations dans le travail qu'elle présentera sur l'organisation générale de l'administration militaire.* »

» *Salut et fraternité.* »

« *Signé. . . . .* »

(*) « *IN MAGNIS, VOLUISSE SAT EST.* »

AU GÉNÉRAL
BONAPARTE,
PREMIER CONSUL
DE LA RÉPUBLIQUE FRANÇAISE.

FAVETE LINGUIS. . . . .
. . . . PATRIÆ SACERDOS ;
. . . .
Daignez prêter à mes discours un silence religieux. . . .
MINISTRE DE MA PATRIE ;
Il est des cœurs bien faits que rien ne décourage,
Qui choisissant toujours le parti le plus sage,
Désarment la rigueur des destins ennemis,
Et par des sentimens qu'un fort esprit suggère,
S'élèvent noblement au-dessus de la sphère
Où leur planette les a mis.

GÉNÉRAL - CONSUL,

PERMETTEZ à un vrai Citoyen français de
vous présenter avec autant de respect que de
confiance,

LES PRÉCIS

1°. *D'un Code de Législation française, divisé en trois parties. Composé de trois chartes fondamentales. Transactions nationales. Concernant la solution patriotique des problémes,* 1ʳ. *De la vraie liberté politique de la constitution française.* 2ᵗ. *De la vraie liberté publique de la Nation française.* 3ᵗ. *De la vraie liberté civile de tous les Citoyens français.* (1)

2°. *D'un Code-pratique d'administration militaire. Divisé en quatorze parties,* (2) qui

_____

(1) J'ai conçu ce code de Législation française, d'après LE VŒU UNANIME de la Nation, ainsi manifesté.

« *Que les Etats-Généraux choisissent dans la capitale ou dans les provinces des Commissaires POUR TRAVAILLER À UN CODE QUI EMBRASSE TOUTES LES DIFFÉRENTES PARTIES DE NOTRE LÉGISLATION et s'étende à tous les pays ; que les projets soient annoncés et répandus par la voie de l'impression ; qu'il soit proposé des prix pour les meilleurs plans ; et qu'aucun ne reçoive la sanction du Monarque et des Etats-Généraux, sans avoir subi l'examen et le jugement du public.* »

(*Mandat. Clermont-Ferrand. Dijon. etc. . . . .*)

(2)   ENONCIATION SUCCINCTE
de ces quatorze Parties.

LA PREMIÈRE PARTIE *concerne l'administration particulière des fourrages, attribuée à chaque régiment de cavalerie, etc.*

LA SECONDE, *les Hôpitaux militaires ; terminée par le* TRACÉ D'UN PLAN PATRIOTIQUE, *propre à détruire toutes les spéculations de l'intérêt personnel, dans cette branche la plus intéressante de l'administration générale de la Guerre.*

(S'il est un crime que les larmes du coupable ne puissent jamais effacer, c'est sans doute L'EXÉCRABLE MONOPOLE exercé par l'intérêt personnel contre les braves, généreux et méritans Défenseurs de la Patrie.)

LA TROISIÈME, *l'administration générale des Fourrages, terminée par un Mémoire politique, présentant l'esquisse d'un Plan de régie, aussi simple et facile dans son exécu-*

embrassent tous les détails les plus importans
de l'administration générale de la guerre. (3)

---

tion locale, qu'économique pour les fiances de l'Etat, et
avantageux pour l'agriculture.

La QUATRIÈME, *la vraie constitution, la composition*
équitable, et l'organisation sagement combinée du Corps des
agens de l'administration générale de la Guerre. (LES COM-
MISSAIRES DES GUERRES.) *Cette quatrième partie est ter-*
minée par UN PLAN GÉNÉRAL D'ORGANISATION ADMI-
NISTRATIVE DE L'ARMÉE.

La CINQUIÈME, *la Législation militaire.*

La SIXIÈME, *la Cavalerie.*

La SEPTIÈME, *les Revues de police, de comptabilité et*
d'administration militaire, passée par les Commissaires des
Guerres, et la liquidation politique, comptable et adminis-
trative de ces mêmes revues.

La HUITIÈME, *les Pensions de retraite des officiers des*
troupes, terminée par un Projet patriotique de finance, très-
avantageux, tant pour les officiers que pour l'Etat; éta-
blissant une caisse d'amortissement perpétuel et invariable,
pour opérer insensiblement l'extinction successive et totale
des dettes de l'Etat.

La NEUVIÈME, *la Visite des casernes.*

La DIXIÈME, *les Logemens militaires.*

La ONZIÈME, *les Conseils de guerre. Cette onzième partie*
est terminée par UN CODE DE JURISPRUDENCE CRIMI-
NELLE-MILITAIRE, DIVISÉ EN DOUZE PARTIES.

La DOUZIÈME, *les Lits et Fournitures militaires, et le*
Visa *des différens états qui y sont relatifs.*

La TREIZIÈME, *la Police générale des troupes.*

La QUATORZIÈME et DERNIÈRE, *les Fonctions supplé-*
mentaires des subdélégués auprès des troupes.

(3)   RÉFLEXIONS PHILOSOPHIQUES.
Concernant la science des détails.

« LA SCIENCE DES DÉTAILS, *ou une diligente attention*
aux moindres besoins de la République, est une partie es-
sentielle au bon Gouvernement; trop négligée à la vérité,
dans les derniers temps, par les Rois ou par les ministres,
mais qu'on ne peut trop souhaiter dans le Souverain qui
l'ignore, ni assez estimer dans celui qui la possède. »

(*De la Bruyère.*)

*Suivi d'un Plan général d'organisation admi-
nistrative de l'armée.* (4)

La splendeur de ma Patrie, GÉNÉRAL-CONSUL,
ayant toujours été l'objet de mes veilles politiques,
je n'ai cessé dans la solitude la plus constante,
depuis ma réforme imméritée du corps des
Commissaires des guerres : (5) *Réforme opérée*

---

(4)   RÉFLEXIONS PHILOSOPHIQUES
sur la Force publique.

LA FORCE PUBLIQUE est le lien et la clé de tout l'édifice
politique ; sans elle on peut appareiller des matériaux ; on peut
mettre pierre sur pierre ; mais on ne peut rien cimenter, rien
contenir à sa place : sans LA FORCE PUBLIQUE, les pouvoirs,
les contre-poids, la liberté elle-même, tout cela n'est qu'un
assemblage d'idées vaines et fragiles.

LA FORCE PUBLIQUE, considérée sous le rapport de
la dépense, et en réfléchissant que *c'est la plus forte charge
publique, celle qui, de plusieurs manières, pèse le plus oné-
reusement sur la nation, et que par conséquent il est le plus
important de régler avec intelligence et économie* ; LA
FORCE PUBLIQUE, *sous ce rapport*, EST UN PROBLÊME
D'ADMINISTRATION et DE FINANCE.

« *Neque quies gentium, sine armis, neque arma sine sti-
pendiis, neque stipendia sine tributis habere queunt.* »
(*Tacit.*)

« *Le repos des peuples ne peut subsister sans les armes,
les armes sans la solde ; et la solde, sans les impôts.* »

(5) LETTRE DE RÉFORME. CONCESSION D'UNE PEN-
SION DE RETRAITE PAR LE ROI.

« Versailles, le 20 Avril 1788. »

« *Je vous envoye, Monsieur, un exemplaire de l'Edit
par lequel* LE ROI *a jugé à propos de supprimer les charges
de Commissaires des guerres qui avoient été créées en
1783.* »

« *Les nouvelles dispositions que* SA MAJESTÉ *a arrêtées,
et la nécessité où elle s'est trouvée de diminuer le nombre
des départemens, ne lui ont pas permis de vous conserver
dans celui auquel vous étiez attaché ; mais je vous informe
qu'elle a bien voulu en considération des services que vous
lui avez rendus,* VOUS ACCORDER UNE PENSION DE RE-

le 1ᵉʳ juin 1788, par les obsessions sacriléges de l'intrigue; (6)

Je n'ai cessé, disois-je, de faire usage de mes connoissances acquises, tant par l'étude la plus soutenue que par l'expérience la plus scrupuleuse, dans toutes les différentes positions civiles, mi-litaire, administrative-militaire, où je me suis

---

TRAITÉ DE TROIS CENTS LIVRES, *dont vous jouirez à compter du 1ᵉʳ Juin prochain, époque à laquelle vous cesserez l'exercice de vos fonctions et d'être payé de vos appointemens et du logement qui vous étoit attribué.* » etc.....

« Signé. LE COMTE DE BRIENNE. »

VŒU NATIONAL.

Concernant l'anéantissement salutaire de l'arbitraire dans les réformes.

« Il sera très-humblement représenté AU ROI que les réformes faites par le Conseil dans les troupes, et qui depuis quelque tems sont devenues très-fréquentes, arrêtent au milieu de leur carrière ceux qui se sont voués à la profession des armes, leur font perdre le fruit de leurs services, les privent de toutes ressources, et les mettent dans l'impossibilité d'arriver au but auquel ils ont droit de pré-tendre ».

(*Mandat. Châalons-sur-Marne, etc......*)

(6) OBSERVATIONS.

Lors de ma réforme du corps des Commissaires des guerres, j'ai été remplacé, (*non pas économiquement, tel que la lettre de réforme ci-dessus transcrite l'annonçoit.*) dans le département militaire de la province de la Lorraine-Alle-mande, par deux Commissaires des guerres, (*l'un de ces deux Commissaires n'étoit pourvu de son office que 5 ans ½ posté-rieurement à moi.*) tandis que seul, d'après mon zèle illimité pour les augustes et sacrés intérêts de ma Patrie, j'aurois pu gérer très-facilement deux à trois départemens militaires, sem-blables.

ANATHÊME NATIONAL

contre les obsessions sacriléges de l'intrigue.

« QUE PAR-TOUT, L'INTRIGUE, SURVEILLÉE PAR LA LOI, N'OBTIENNE QUE LE MÉPRIS. »

(*Mandat. Lyon. etc........*)

trouvé, pour coopérer suivant vos principes patriotiques, au bonheur de ma Patrie.

Daignez, GÉNÉRAL-CONSUL, porter un œil attentif SUR CES DEUX PRODUCTIONS NATIONALES, TRACÉES UNANIMEMENT PAR LA NATION FRANÇAISE, *dont je ne suis que le bien pur, fidèle et littéral éditeur.*

PRODUCTIONS NATIONALES que je ne me suis déterminé à déposer dans vos mains bienfaisantes, que sous le seul point-de-vue bien pur de ma part, de faciliter, sous tous leurs principaux rapports, vos conceptions patriotiques, vos propositions législatives et vos fonctions nationales-administratives.

Que je m'estimerois heureux si, dans ces deux productions nationales, vous y reconnoissiez vos principes! Mes veilles alors me seroient bien précieuses.

Puisse mon travail être utile à ma Patrie, et ne me pas faire d'ennemis!

Je crois n'en pas mériter. (7)

Si je m'égare, si j'embrasse quelquefois la chimère du mieux impossible, qu'on me plaigne, qu'on me pardonne. (8)

Le délire d'un citoyen qui, constamment, rêve

---

(7)   MAXIME.

« *Si ad honestatem nati sumus, ea aut sola expetenda est, aut certè omni pondere gravior est habenda quam reliqua omnia* ».

(*Tull.*)

- « *Si nous sommes nés pour la probité, nous ne devons chercher que la probité : nous devons la mettre du moins infiniment au-dessus de ce qui n'est point elle.* »

(8)   BUT PATRIOTIQUE.
de mon ouvrage.

» *Quid verum atque decens curo, et rogo et omnis in hoc sum.* «
(*Horat.*)

« *Le vrai, le beau, voilà ce que je cherche, ce que je demande, ce qui m'occupe tout entier* ».

au bonheur et à la splendeur de sa Patrie, a quelque chose de respectable.

Je ne puis trop vous protester, GÉNÉRAL-CONSUL, que je n'ai entrepris cet ouvrage par aucun désir de blâmer ce qui existe, (9) mais par le zèle le plus pur pour les intérêts sacrés de ma Patrie.

Un citoyen, vrai philosophe, (10) qui combine un plan dans la solitude, cherche le mieux possible, l'administrateur voit ce qu'il est possible de faire, et il est souvent arrêté par des obstacles que le philosophe n'a pas prévus. (11)

Voué à l'étude de la vraie philosophie et de la jurisprudence législative, je cherche mon bon-

---

(9)   B U T   M O R A L
De mon Ouvrage.

Admonere voluimus, non mordere, prodesse, non lædere; consulere moribus hominum, non officere. »
(*Erasme*).

« *Un homme né chrétien et français se trouve contraint dans la satyre.* »   (*De la Bruyère.*)

(10) Le vrai philosophe est celui qui fait le bien, et qui dans ses opinions ne suit que le flambeau de la vérité.

J'ose croire que LES DEUX PRODUCTIONS PATRIOTIQUES, ci-devant énoncées, tant par leurs principes que par leurs développemens, ne démentiront point cet auguste caractère. *Organe fidèle* de la Nation française, je ne puis m'être égaré du but sacré de la félicité nationale, que j'ai constamment envisagé dans toutes mes combinaisons politiques et mes diverses pro-popositions législatives-patriotiques.

(11) J'observe néanmoins qu'en me livrant à ce travail intéressant, je n'ai cessé d'envisager constamment, sous tous leurs rapports, les maximes politiques, suivantes :

« *L'art d'observer et de combiner les rapports des choses, est LE PLUS INTÉRESSANT DE TOUS LES ARTS pour les administrateurs.* »
(*La Science de la Législation.*)

« *LA LÉGISLATION D'UN PEUPLE NE PEUT AVOIR POUR BASE LES PARADOXES BRILLANS D'UNE PHILO-SOPHIE SPÉCULATIVE.* »   (*Des Lois pénales.*)

heur dans l'une, la vérité dans l'autre ; et pour réussir dans cette recherche, j'emprunte indifféremment les lumières de tous les partis.

La gloire de l'écrivain *est de préparer des matériaux utiles à ceux qui gouvernent.* Les chefs du corps social n'ont pas le tems d'acquérir des lumières. Forcés à un travail continu, un grand mouvement les agite, et leur ame, pour ainsi dire, n'a pas le tems de se fixer sur elle-même. Ils doivent donc confier à d'autres hommes le choix des moyens propres à faire naître et à faciliter les travaux de l'autorité publique.

Cet emploi sacré appartient aux philosophes et aux ministres de la vérité.

Si bien souvent, GÉNÉRAL-CONSUL, j'ai osé copier les autres, c'est parce qu'ils sçavoient mieux dire que je n'aurois pu le faire, et que j'avois senti et pensé comme eux : c'est-là ma seule excuse. Si quelqu'un donc se reconnoît dans mon ouvrage, qu'il ne dise point *c'est un plagiaire,* qu'il dise, cet homme a pensé comme moi, et il a préféré de se servir de ma manière de dire.

Sans doute que la plupart des vérités qui se trouvent DANS CES DEUX PRODUCTIONS NATIO-NALES, ont été dites par les anciens et répétées par les modernes : mais là elles sont éparses, isolées, sans que souvent on puisse appercevoir les rapports qui sont entr'elles.

DANS CES DEUX PRODUCTIONS NATIONALES, au contraire, je n'ai rien oublié pour les lier, les appuyer mutuellement, et EN FORMER UN CORPS COMPLET DE DOCTRINE DE LÉGISLATION FRAN-ÇAISE et D'ADMINISTRATION MILITAIRE, *assortie aux mœurs et au caractère de la Nation française,* conformément à son vœu unanime, ainsi conçu :

« *L'objet des lois est d'assurer la liberté*

et la propriété; leur perfection est d'être humaines, justes, claires, précises et générales, D'ÊTRE ASSORTIES AUX MŒURS ET AU CARACTÈRE NATIONAL, (12) *de protéger également les citoyens de toutes les classes et de tous les ordres, de frapper également sans distinction de personne sur quiconque viole l'ordre public et le droit des individus.* »

(*Mandat. Paris. etc.* . . . .)

, Les vérités appartiennent bien moins à ceux qui les profèrent comme de simples assertions, qu'à ceux qui les démontrent, les développent et les lient à d'autres vérités, en les rendant plus fécondes.

(« *Le choix des pensées est invention.* » *De la Bruyère.*)

Eh, qu'importe après tout d'où vienne la vérité, pourvu qu'elle puisse être utile! Sçachons seulement qu'elle est encore plus facile à répandre que l'erreur, et que les hommes intéressés par l'espoir de leur bonheur, saisiront toujours avec avidité tout ce qui pourra y contribuer.

---

(12)   M A X I M E S.

« *Diuturni mores, consensu utentium comprobati, legem imitantur.* »

(*Institut. de Jure nat. gent. et civil. caput IX.*)

« *Ea quæ longâ consuetudine comprobata sunt, ac per annos plurimos observata, veluti tacita civium conventio, non minùs quam ea quæ scripta sunt, jura servantur.* »

(*Leg. XXX, de Legibus*).

LES COUTUMES ont cet avantage SUR LA LOI, *qu'étant essentiellement fondées sur l'engagement unanime des peuples,* ELLES SONT LIBRES *dès leur origine, et tirent leur force d'une pratique volontaire.* ELLES SONT L'OUVRAGE DE LA NATION, et les descendans de ceux qui les ont introduites, ne se croyent pas moins intéressés à les maintenir que l'étoient leurs premiers auteurs; car la Nation tient à tous les temps, *et le peuple d'aujourd'hui est moralement le même que celui d'autrefois.*

Peut-on (GÉNÉRAL CENSURE) être condamné
devant un bonheur de sa Patrie? (13)

Peut-on être blâmé, quand dans une culture
mesure et prudente, partagée entre les
lettres et l'agriculture pratique, on s'est fait
un bonheur... (14) emploie avec un des
seules ses facultés pour, *en dévouant un
profond respect au Gouvernement,* tenter d'ÉTABLIR LA FÉLICITÉ NATIONALE.

_____

(13) « SOUS UN GOUVERNEMENT BIENFAISANT, CE N'EST
point un crime de dénoncer les calamités publiques ; son
autorité n'a besoin pour acquérir plus de force, que de ne
pas se corrompre dans ses émanations : ses lois peuvent
quelquefois ne pas faire tout le bien qu'on auroit droit d'en
attendre ; mais elles n'ont jamais le mal pour objet. Tous ses
désirs doivent porter tout entier sur la félicité publique ; et
C'EST UN DES DEVOIRS LES PLUS SACRÉS du citoyen de
lui dévoiler les abus qui en ébranlent les fondemens. »
(La Science de la Législation.)

« Je serois fâché qu'on pût croire que je regarde comme
CRIMINEL et PERTURBATEUR DU REPOS PUBLIC, un
citoyen qui a le courage de ne pas flatter sa nation, et
qui désire des changemens qui la rendroient heureuse. Il
est assez singulier que je sois obligé d'avertir qu'il ne faut
pas punir un citoyen qu'on doit aimer et respecter. Mais
ce n'est pas ma faute, s'il y a aujourd'hui tant de pays
où CATON ne pourroit paroître sans danger. Quand LA
VÉRITÉ EST PUNIE, soyez sûr que les lois ont été faites
par ceux à qui l'erreur, les abus et les vices sont utiles,
et qu'elles préparent et annoncent la ruine d'un Empire. »
(Mably, Principes des Lois.)

(14)　　　　　M A X I M E.

Le riche est-il heureux ? Dans le sable du Tage,
Ainsi que l'or, trouve-t-on le bonheur ?
Non, l'homme heureux, c'est l'homme sage,
C'est l'homme qui sçait faire usage
D'un métal vil et trompeur ;
Qui peut souffrir avec courage
L'affreuse pauvreté, les insultes du sort,
Qui craint l'ombre du crime, et ne craint pas la mort.
(Horat. Od. en Lib. A.)

trois chartres fondamentales. Transactions nationales. Concernant la solution patriotique des pro-
blêmes :

1°. *De la vraie Liberté politique de la Cons-*
titution française. (15)

2°. *De la vraie Liberté publique de la Na-*
tion française. (16)

3°. *De la vraie Liberté civile de tous les*
Citoyens français. (17)

LA FÉLICITÉ NATIONALE, GÉNÉRAL-CONSUL,
est un objet si essentiel, les moyens de l'établir

---

(15) DÉFINITION PHILOSOPHIQUE
de la vraie Liberté politique, par M. de Montesquieu.

« LA LIBERTÉ POLITIQUE *n'existe que lorsqu'on n'abuse*
pas du pouvoir; pour qu'on ne puisse abuser du pouvoir, il
faut que par la disposition des choses, le pouvoir arrête le
pouvoir. » (*Esprit des Lois. Chap.* 4. *Liv.* 11.)

(16) DÉFINITION NATIONALE
de la vraie Liberté publique de la Nation française.

« *Il sera statué que le pouvoir souverain n'existant dans*
un seul que pour le bonheur de tous, il ne peut bien remplir
cette destination qu'autant que la Nation sera consultée sur
tout ce qui l'intéresse; qu'en conséquence les assemblées
nationales sont de l'essence du Gouvernement. »

(*Mandat. Melun et Moret. Clermont-en-Beauvoisis. Pro-*
vins et Montereau. Lyon. Agénois. Ponthieu. Nîmes. Paris.
Prévôté et Vicomté de Paris. etc. . . . .)

(17) DÉFINITION PHILOSOPHIQUE
de la vraie Liberté civile, par M. de Montesquieu.

« LA LIBERTÉ CIVILE *consiste principalement à ne pou-*
voir être forcé à faire autre chose que la loi n'ordonne pas,
et on n'est dans cet état que parce qu'on est gouverné par
des lois civiles. Nous sommes donc libres quand nous
sommes gouvernés par les lois. »
(*Esprit des Lois. Chap.* 1ᵉʳ.)

Il est temps de sauver d'un naufrage funeste
Le plus grand de nos biens, le plus cher qui nous reste,
Le droit le plus sacré des mortels généreux,
LA LIBERTÉ : c'est-là que tendent tous nos vœux.

et de la porter au plus haut degré possible, intéressent si fort le genre humain et chaque individu, (18) que l'on devroit regarder comme la

---

(18)   M A X I M E

« *Nihil est civitati præstantiùs quam leges rectè positæ.* »
                    (*Eurip. in supplic.*)

P A R A P H R A S E P H I L O S O P H I Q U E
      de cette maxime, par le grand Montesquieu.

(« *Nemo vir magnus, sine aliquo afflatu Divino unquam fuit.* »
                    (*Tull.*)

« Il n'y a jamais eu de grand-homme sans quelqu'espèce
d'enthousiasme et d'inspiration. ».

« L'Esprit des Lois parut, l'horison du génie fut aggrandi »
          « G. T. RAYNAL, Hist. Philos. Polit. »

« LA RELIGION CHRÉTIENNE *qui ordonne aux hommes
de s'aimer, veut sans doute que chaque peuple ait* LES
MEILLEURES LOIS POLITIQUES *et* LES MEILLEURES LOIS
CIVILES; *parce qu'elles sont, après* ELLE, *le plus grand
bien que les hommes puissent donner et recevoir.* »
                    (*Esprit des Lois. Chap.* Ier.)

« *Les connoissances sur les règles les plus sûres que
l'on puisse tenir dans les jugemens criminels et civils, intéressent le genre humain plus qu'aucune chose qu'il y ait
au monde.* »

« *Si vous examinez les formalités de la justice, par
rapport à la peine qu'a un citoyen à se faire rendre son
bien, ou à obtenir satisfaction de quelqu'outrage, vous en
trouverez sans doute trop : si vous les regardez dans le
rapport qu'elles ont avec la liberté et la sûreté des citoyens,
vous en trouverez sans doute trop peu, et vous verrez que
les peines, les dépenses, les longueurs, les dangers mêmes
de la justice sont le prix que chaque citoyen donne pour
sa liberté.* »

« *Dans* LES ETATS MODÉRÉS, *où la tête du moindre
citoyen est considérable, on ne lui ôte son honneur et ses
biens qu'après un long examen : on ne le prive de la vie
que lorsque la patrie elle-même l'attaque, et elle ne
l'attaque qu'en lui laissant tous les moyens de la défendre.* »

« *Dans* LES RÉPUBLIQUES, *il faut pour le moins autant
de formalités que dans les Monarchies. Dans l'un et l'autre
gouvernement, elles augmentent en raison du cas que l'on
y fait de l'honneur, de la fortune, de la vie, de la liberté
des citoyens.* »   (*Esprit des Lois. Liv. 6. Chap. 2.*)

                                        plus

plus grande preuve *d'une sage constitution*, les encouragemens que l'on donneroit aux citoyens qui publieroient *avec une liberté circonspecte et respectueuse, conséquemment patriotique,* (19) les remèdes salutaires que l'on pourroit opposer fructueusement aux abus. (20)

---

(19) MAXIME

« *Rarâ temporum felicitate ubi sentire quæ velis et quæ sentias dicere licet.* » (*Tacit. Hist. Lib. 1.*)

PARAPHRASE NATIONALE
De cette maxime.

« *La liberté de la pensée étant aussi précieuse à l'homme que celle individuelle, dont il a droit de jouir en vertu des lois, les députés insisteront, pour qu'en vertu d'une loi expresse à ce sujet, tout citoyen puisse librement communiquer par la voie de la presse, tout ce qu'il croira nécessaire de publier, soit pour sa défense, soit pour l'instruction de ses concitoyens, en ne restant assujetti qu'aux précautions de police nécessaires à ordonner pour connoître les auteurs et les imprimeurs, ainsi qu'aux censures ecclésiastiques, nécessaires pour les livres traitant du dogme de la religion seulement, attendu que la Nation a le plus grand intérêt de la maintenir dans toute sa pureté.* »
(*Mandat. Péronne. Berry. Auvergne. etc. . . . .*)

« *Que la liberté de la presse soit assurée, en obligeant néanmoins les imprimeurs d'avoir entre leurs mains la minute du manuscrit, signé de l'auteur, pour que l'auteur puisse être responsable, soit aux particuliers qu'il aura insultés, soit* AU PUBLIC, *s'il avoit attaqué la religion et les mœurs; et que l'imprimeur soit responsable, s'il a manqué à cette formalité.* »
(*Mandat. Bar-sur-Seine. etc. . . . . . .*)

(20) CONSÉCRATION NATIONALE
De la sagesse de cette émulative morale politique.

« *Il sera établi une récompense honorable et civique, purement personnelle et non-héréditaire, laquelle* SUR LA PRÉSENTATION DES ÉTATS-GÉNÉRAUX, (*) *sera déférée par* LE GOUVERNEMENT, *sans distinction, aux citoyens de toutes les classes qui l'auront méritée par l'éminence de leurs vertus patriotiques, et par l'importance de leurs services.* » (*Mandat. Pâris. . . . . .*)

(*) La monnoie de l'honneur distribuée SUR LA PRÉSEN-

J'attendrai, GÉNÉRAL-CONSUL, avec sécurité et reconnoissance, votre jugement SUR CES DEUX PRODUCTIONS PATRIOTIQUES, TRACÉES UNANIMEMENT PAR LA NATION FRANÇAISE, *dont je ne suis que le bien pur, fidèle et littéral éditeur.*

J'aurai rempli mes vues les plus chères, si je mérite votre approbation, (21) et celle de cette

---

TATION DE LA SAGESSE, ne s'épuise jamais, et produit sans cesse les fruits les plus utiles.

L'HONNEUR, ce ressort le plus puissant que le législateur puisse employer et mettre en œuvre pour parvenir au grand but du bien général. Vérité importante, apperçue par L'ILLUSTRE MONTESQUIEU, mais qu'il n'a peut-être pas assez développée pour les esprits ordinaires, qui n'ont vu qu'une opinion systématique dans l'idée la plus grande, la plus féconde et la plus utile.

VŒU UNANIME
De la Nation française, concernant la refonte salutaire de la monnoie bien précieuse et nationale de l'honneur.

« *Il est une monnoie idéale, mais puissante, bien précieuse et bien chère dans un pays comme la France,* C'EST LE TRÉSOR DE L'HONNEUR : TRÉSOR INÉPUISABLE SI L'ON Y SÇAIT PUISER AVEC SAGESSE. *Les Etats-Généraux rendront au peuple et à la postérité un service signalé, s'ils trouvent le moyen de refrapper cette monnoie nationale, et de lui rendre assez de cours pour qu'elle puisse suppléer (comme cela fut autrefois, comme cela peut être encore) à ces vils et honteux salaires toujours évalués en argent et qui ne sçauroient être le prix* DE L'HÉROISME *et* DE LA VERTU. »

(*Mandat. Toul. etc. . . . .*)

DEVISE
De la Nation française.

« *Des lois que nous suivons, la première est l'honneur.* »

(*Voltaire.*)

(21)   ### MAXIME.

« *Les personnes d'esprit ont en eux les semences de toutes les vérités et de tous les sentimens : rien ne leur est nouveau; ils admirent peu,* ILS APPROUVENT. »

(*De la Bruyère.*)

classe de lecteurs qui prônent peu, dénigrent moins, admirent sans emphâse, et censurent sans amertume.

Mon respect pour la vérité, (22) et cet ardent et constant désir de la découvrir, excité par l'espérance d'être utile, semblent me dire que celui qui mit sa confiance dans la pureté de ses intentions ne sera point déçu, et que l'œuvre de l'homme de bien n'est jamais totalement stérile.

. . . . *Quod petis hic est.*

. . . . *Animus si te non deficit œquus.*

Ce que vous demandez est ici, si votre âme est exempte de passions.

Le langage de la flatterie, GÉNÉRAL-CONSUL, hommage frauduleux, rabbaisse également ceux qu'il paroissoit devoir honorer et celui qui les honore ainsi. Les hommages sont surperflus quand LE RESPECT NE PEUT ÊTRE ÉQUIVOQUE.

_____

(22)   MAXIME.

« *Le philosophe doit être le ministre de la vérité, et non un vain créateur de systêmes.* »

(*La Science de la Législation.*)

MARTIN-JEAN-BAPTISTE GOUPY DE MORVILLE,

CITOYEN FRANÇAIS, résidant, depuis le 18 août 1788, dans la commune d'Eaubonne, départem. de Seine et Oise.

DÉNONCIATION

DÉNONCIATION
PATRIOTIQUE,
RELATIVE
AUX ÉTATS-GÉNÉRAUX
de *1789;*
ADRESSÉE,

1°. *Le vingt-quatre Février mil sept cent quatre-*
vingt-douze. 2°. *Le vingt-cinq Novembre mil*
sept cent quatre-vingt quinze.

à MESSIEURS

. . . .

Députés du Département de . . . . . aux diverses
Assemblées qui ont suivi lesdits Etats-Généraux
de 1789.

La Loyauté est le premier des devoirs :
L'homme de bien s'honore d'en être l'interprète.

CODE

DE

LÉGISLATION FRANÇAISE.

DIVISÉ EN TROIS PARTIES.

COMPOSÉ

DE TROIS CHARTRES FONDAMENTALES.

TRANSACTIONS NATIONALES.

CONCERNANT

LA SOLUTION PATRIOTIQUE
DES PROBLÉMES :

1°. *De la vraie Liberté politique de la Constitution régulière, paternelle, purement monarchique, de la France.*

2°. *De la vraie Liberté publique de la Nation Française.*

3°. *De la vraie Liberté civile de tous les Sujets de l'Empire Français.*

TRACÉ

UNANIMEMENT, IMPÉRATIVEMENT,

PAR LES TROIS ORDRES
DE LA NATION FRANÇAISE,

A leurs Députés et Mandataires, respectifs, aux Etats-Généraux de 1789, convoqués paternellement par le Roi, pour s'occuper, de concert avec Sa Majesté, des grands objets d'utilité publique, et de tout ce qui pourroit contribuer au bonheur de ses Peuples.

RÉDIGÉ

Fidèlement, littéralement et conformément au vœu unanime, sacré et inviolable des trois Ordres de la Nation Française.

Par GOUPY DE MORVILLE,

Bien pur, fidèle et littéral Editeur desdits trois Ordres de la Nation Française.

« *Omnia in sapientiâ fecisti.* »

OBSERVATION.

« *LA VÉRITÉ doit toujours être défendue
avec les armes de la Charité, et l'on s'oppose soi-même au progrès qu'elle peut faire,
quand on l'annonce avec un ton d'aigreur».*

(*RACINE*).

JE supplie bien instamment tous mes Compatriotes, au premier aspect de mon ouvrage, de ne
point l'envisager défavorablement par la multiplicité des notes que, d'après sa nature, j'ai été forcé
d'y insérer, et qui en rendent la lecture un peu
compliquée (*a*).

MOTIFS PLAUSIBLES

De la multiplicité équitable de ces différentes notes.

PREMIÈREMENT,

N'étant que l'Editeur bien pur, fidèle et littéral
DU VŒU UNANIME, SACRÉ ET INVIOLABLE DES

(*a*) RÉFLEXIONS.

Les idées générales sont faciles à trouver et se présentent toujours avec pompe, ce qui les rend si communes ; mais les idées
de détails demandent plus de méditations et sont bien moins
brillantes. Les unes sont des hasards heureux, les autres sont le
fruit de longues méditations ; et pour les faire goûter, il faut conduire le lecteur par des chemins tortueux qui n'offrent nul agré-
ment et où l'on se sent resserré par des bornes très-étroites.

« *LA PATIENCE EST LE COURAGE DE LA VERTU.* »
(Etudes de la Nature.)

TROIS ORDRES DE LA NATION FRANÇAISE (*b*), manifesté dans tous leurs Pouvoirs et Mandats impératifs, à leurs Députés et Mandataires respectifs, aux Etats-Généraux, j'ai dû en conséquence rédiger littéralement mon Ouvrage, conformément à ces mêmes pouvoirs et mandats impératifs, que j'ai eu le plus grand soin de transcrire, pour convaincre de la fidélité exacte et scrupuleuse de ma rédaction (*c*).

(*b*) DÉFINITION PHILOSOPHIQUE
De la nature du vœu unanime de toute une nation.

« *Omni autem in re,* CONSENSIO OMNIS GENTIS *,* LEX NATURÆ PUTANDA EST ».

(Cicer. Tuscul. lib. 3, n. 13. CICÉRON, *dont les maximes sont presque toujours des premiers principes de la plus pure raison*)

« *Dans toute chose,* LE VŒU UNANIME DE TOUTE UNE NATION, EST RÉPUTÉ UNE LOI DE LA NATURE », *conséquemment sacré et inviolable.* »

CONSÉCRATION NATIONALE
De cette définition philosophique, concernant la nature du vœu unanime de toute une nation.

« *Députés, nous sommes convaincus que* LE VŒU QUI VOUS EST EXPRIMÉ PAR NOUS SERA TOUJOURS POUR VOUS LA LOI LA PLUS SACRÉE. »

(Mandat Bourbonnois, etc......)

(*c*) AVIS PHILOSOPHIQUE.

« *Je conseille à un auteur né copiste, qui a l'extrême modestie de travailler d'après quelqu'un, de ne se choisir pour exemplaires que ces sortes d'ouvrages où il entre de l'esprit, de l'imagination et même de l'érudition : s'il n'atteint pas ses originaux, du moins il en approche et il se fait lire.* » (De la Bruyère.)

Quel ouvrage plus intéressant, plus lumineux, pouvois-je copier, et où il soit entré plus d'esprit, plus d'imagination, et même plus d'érudition, que la collection bien précieuse des différens

DEUXIÈMEMENT.

Ces mêmes Pouvoirs et Mandats impératifs, *concordant sous tous leurs rapports fondamentaux et constitutionnels,* AVEC LES PLUS PURES MAXIMES DE LA RAISON, DE LA RELIGION ET DU DROIT, j'ai cru devoir pareillement rapporter *parallèlement* CES MÊMES MAXIMES dans le cours de mon Ouvrage, pour démontrer incontestablement à tous mes Compatriotes, que la plus haute, la plus profonde, la plus judicieuse et équitable sagesse avoit originairement présidé à la rédaction savante, lumineuse et patriotique de ces mêmes Pouvoirs et Mandats impératifs (*d*).

———————————

Pouvoirs et Mandats impératifs, donnés unanimement en 1789, par les trois Ordres de la Nation française, à leurs Députés et Mandataires respectifs, aux Etats-Généraux! Collection précieuse, RÉPERTOIRE NATIONAL et PATRIOTIQUE, contenant tous les matériaux nécessaires, préparés par la plus haute, la plus profonde, la plus judicieuse et équitable sagesse,

(*Ainsi que je l'ai démontré pratiquement dans la plus grande évidence, dans le cours des deux Productions nationales ci-devant énoncées*).

POUR FORMER UN CODE COMPLET et PARFAIT DE LÉGISLATION POLITIQUE, ECCLÉSIASTIQUE, MILITAIRE, CIVIL et ÉCONOMIQUE; conséquemment parvenir à fixer invariablement la félicité et la prospérité nationale, en établissant infailliblement et salutairement, sous tous leurs rapports fondamentaux et constitutionnels, (*comme je crois l'avoir fait par trois Chartres fondamentales. Transactions nationales*).

1°. La vraie Liberté politique de la Constitution régulière, paternelle, purement monarchique, de la France ;

2°. La vraie Liberté publique de la Nation française ;

3°. La vraie Liberté civile de tous les Sujets de l'Empire français.

(*d*) AVEU PATRIOTIQUE concernant la composition de ces deux Productions nationales.

Je dois avertir mes Lecteurs que la nature de ces deux pro-

TELS SONT LES MOTIFS PLAUSIBLES de la multiplicité équitable de ces mêmes Notes qui n'ont pas peu contribué à rendre mon travail très-épineux.

Que j'en recueillerois un prix inestimable ! si tous mes Compatriotes, *en y reconnoissant leur propre ouvrage*, daignoient le consacrer unanimement par leur assentiment patriotique.

Secondes-moi, NATURE, Eveilles-toi dans eux !
Que de ton feu sacré quelque foible étincelle
Rallume de ta cendre une flamme nouvelle.
Du bonheur de l'État sois l'auguste lien.
NATURE, tu peux tout, les conseils ne font rien.

_____

ductions nationales et la Raison, m'ont souvent engagé à imiter l'abeille, à cueillir le miel sur toutes sortes de fleurs, pour le porter dans ma ruche, et en enrichir mon ouvrage.

LA VERTU PAROIT TOUJOURS NOUVELLE, LORS MÊME QU'ON LA COPIE.

AVANT-PROPOS.

AVANT-PROPOS.

« Omnia in sapientiâ fecisti ».
Comme les trois Ordres de la Nation française, n'ont rien voulu que de juste, qu'ils ont fait tout avec sagesse, nous aurions grand tort de vouloir autre chose que ce qu'ils ont voulu. Leur volonté est la seule règle que nous devons suivre; sans cette règle immuable, point de droiture, point de vraie vertu politique-patriotique.

Ce Code de législation française, étoit purement et simplement *la tâche patriotique-législative-constitutive,* qu'avoient uniquement à remplir les députés et mandataires, respectifs, desdits trois Ordres de la Nation française, aux Etats-Généraux de 1789, ainsi que la leur avoient prescrite aussi judicieusement que très-sagement lesdits trois Ordres, leurs commettans respectifs, *par le manifeste patriotique suivant:*

MANIFESTE PATRIOTIQUE

Tracé unanimement, impérativement,
par les trois ordres
de la nation française.

Concernant

La législation de la monarchie régulière et paternelle de France.

« Nunquam aliud Natura, aliud Sapientia dicit. »
(*Juvénal.*)

Raison, ta voix conduit une ame saine et pure;
Et ta voix suit toujours le cri de la Nature.

« Il existe une Constitution française.
L'assemblée s'est convaincue qu'en droit

B

public, elle n'a aucun pouvoir de rien changer à la constitution; (1)

Les droits qui assurent la distinction des Ordres dans la monarchie, étant aussi sacrés que ceux de la propriété. »

(*Mandat. Cotentin. Clermont-Ferrand. Laon. Condom. Clermont-en-Beauvoisis. Paris. etc.....*)

« LA FRANCE A UNE CONSTITUTION. »

« *Une des plus grandes preuves qu'il y a une constitution en France, c'est qu'il existe des Ordres, des Corps et des individus qui possèdent des droits et des prérogatives : que plusieurs de ces prérogatives tiennent à l'essence de la monarchie, qui se corrompt, comme l'a dit* L'ILLUSTRE MONTESQUIEU, (2) *lorsqu'on les anéantit.* » (3)

« *Ne pas respecter les droits légitimes et bien établis, c'est amener l'anarchie, c'est-à-dire le despotisme de tous, après laquelle le despotisme d'un seul est un bonheur; car,*

---

(1)   AXIOME POLITIQUE

bien concordant avec cette salutaire et bien précieuse morale nationale législative-constitutive.

« *LA LÉGISLATION ne doit pas, ne peut pas même détruire la Constitution. Elle ne doit s'occuper qu'à corriger ses défauts* ».

(*La Science de la Législation*).

(2)   ÉLOGE PHILOSOPHIQUE

de M. de Montesquieu, au pied de la statue duquel chaque écrivain politique doit déposer un laurier.

« *L'ESPRIT DES LOIS PARUT, L'HORISON DU GÉNIE FUT AGGRANDI.* »

(*G. T. Raynal, Hist. Philos. polit.*)

(3)   MAXIME.

« *Abolissez dans une Monarchie les prérogatives des Seigneurs, du Clergé, de la Noblesse et des villes, vous aurez bientôt* UN ETAT POPULAIRE *, ou bien* UN ETAT DESPOTIQUE. »

(*Esprit des Lois, tom.* 1er. *liv.* 2, *chap.* 4.)

dans le dernier état, un seul homme, dans le premier, tous les individus se mettent au-dessus des lois. »

(Mandat. Bugey. etc. . . . .)

« RESPECTONS NOTRE CONSTITUTION. »

« UN ROI CITOYEN (4) nous invite à venir y prendre nos rangs et à y travailler à la réforme des abus, (5) et voilà notre tâche. » (6)

(Mandat. Clermont-Ferrand. etc. . . . .)

---

(4)   EXCLAMATION PATRIOTIQUE.
Ah ! servir ce qu'on aime, est-ce une obéissance ? Sous un Roi citoyen, tout citoyen est roi.
(Racine fils.)

(5)   DÉFINITION PHILOSOPHIQUE
des Abus.
« *VICE ATTACHÉ à tous les usages, à toutes les lois, à toutes les institutions des hommes : le détail n'en pourroit être contenu dans aucune bibliothèque.* »

« *LES ABUS GOUVERNENT LES ETATS.* »

« *MAXIMUS ILLE EST QUI MINIMIS URGETUR.* «
(Voltaire.)

(6)   RÉFLEXIONS PHILOSOPHIQUES
sur l'imperfection naturelle de toutes les institutions humaines.
. . . . *Nihil est ab omni*
Parte beatum.
(Horat. Od. 13. lib. 2.)
« *Il n'est point au monde de bonheur parfait.*

Une forme de gouvernement parfaite est un être de raison, parce qu'un bonheur complet, à tous égards, n'est pas fait pour être le partage des hommes, et que la sagesse humaine, avec ses plus grands efforts, ne peut se permettre que de diminuer la masse ou la mesure de nos maux sur la terre.

Qu'on fasse tant qu'on voudra des plans pour trouver une Constitution d'Etat qui n'ait aucun défaut; qu'on cherche avec soin le moyen de gouverner les hommes plus sûrement et de les rendre meilleurs; qu'on invente, *au gré de l'imagination*, une forme de gouvernement plus parfaite, *que la république de Platon, que l'attantis de Bacon, que l'eutopie de Morus, que la cité du soleil de Campanella, et s'il est possible,*

« *Les Etats-Généraux n'étant pas la Na-*
tion, mais son image, ne jouissent pas de la

---

que le roman de L'ILLUSTRE M. DE FÉNÉLON, on
pourra bien trouver l'idée d'un gouvernement parfait, mais il
en faudra toujours demeurer *à la spéculation*, quoi qu'il soit
utile de présenter aux hommes *l'idée de la perfection*, pour
les encourager à en approcher.

Cette idée, dès qu'on voudra la réduire *en pratique*, paroîtra
ce qu'elle est, *une vraie chimère.*

Toutes les sciences ont la leur.

La chimie a sa pierre philosophale; la géométrie, la
quadrature du cercle; l'astronomie, les longitudes; la mé-
chanique, le mouvement perpétuel; la morale, son désin-
téressement total.

La chimère de la science du gouvernement, *c'est une cons-*
titution parfaite.

Il est aussi difficile de donner *l'être* à une telle société,
qu'il est aisé d'en faire *le plan*; et il faut penser de la recherche d'une forme parfaite de gouvernement, ce que les
gens sensés pensent du grand-œuvre, les chimistes croyent
toujours tenir la pierre philosophale, mais elle leur échappe toujours, et ils n'en auront jamais la possession.

Il est, dans la science du gouvernement, *un certain ordre*
de choses, dans lequel les législateurs ne doivent pas s'arrêter
au mieux, parce qu'il *est impraticable*, et combattu par des
passions dominantes qu'ils ne peuvent dompter.

LA POLITIQUE ne doit jamais supposer dans les hommes
une perfection que l'humanité ne comporte pas; elle doit pro-
portionner *sa conduite*, non *à une espèce d'êtres supérieurs,*
à l'homme, mais *à notre nature corrompue;* elle doit sçavoir
que les hommes sont toujours prêts à abuser des lois.

LA POLITIQUE n'est sage que quand elle sait intéresser
les passions au maintien du bon ordre, et par une com-
binaison adroite et savante les en rendre garantes.

Il se glisse toujours des défauts dans l'institution de quelque
gouvernement que ce soit. Les législateurs sont hommes, et
sujets à toutes les illusions des autres hommes, ils ont rarement
la liberté de faire un système bien suivi, ils sont forcés d'accommoder les lois aux circonstances où ils se trouvent, et ces
circonstances changent. Mais quand même les lois ne se sentiroient pas des foiblesses de ceux qui les ont faites, et quand
les conjonctures où elles ont été publiées, seroient immuables,

plénitude de la souveraineté ; ils sont cepen-
dant revêtus du pouvoir exclusif de consentir
et accorder les impôts, et de faire de nou-
velles lois, sans avoir le droit de proscrire
celles qui servent de base au contrat social,
sans le consentement exprès de la Nation. (7)
Ils ne peuvent de leur seule autorité, remplacer
la monarchie, par quelqu'autre institution,
telle que l'aristocratie ou la démocratie. »
　　　(*Mandat. Bugey. etc. . . . .*)

　　« *Que les Etats-Généraux choisissent dans*
la capitale ou dans les provinces des Com-
missaires pour travailler à un code qui em-
brasse toutes les différentes parties de notre
législation et s'étende à tous les pays ; (8)

------

il ne sçauroit *y avoir de gouvernement parfait, parce que*
ce sont des hommes qui gouvernent.

　　1l y a de l'insjustice à vouloir que LES PRINCES voyent
toujours d'une manière sûre ce qu'il convient de faire, qu'ils le
fassent, qu'ils ne se trompent jamais dans la multitude des affaires
qui les environnent, et qu'ils en soutiennent toujours avec une
égale force tout le poids.

　　Si l'on veut que cela soit ainsi, qu'on demande à DIEU,
dans un sens plus juste que les Israëlites ne le demandoient
à AARON :

　　« *Faites-nous des Dieux qui marchent devant nous.* »
　　Ajoutons :

　　Que ce sont des hommes qui sont gouvernés, et que si
aucune constitution d'état ne peut détruire les passions de
ceux qui gouvernent, elle peut encore moins changer les
vices de ceux qui sont gouvernés.

　　(7)　　　DÉFINITION PHILOSOPHIQUE
　　　　　　de cette faculté morale : le consentement.

　　« *Consensio est liberæ volontatis à sano atque integro*
perfecta approbatio. Nihil consensui tam contrarium est
quam vis atque metus. »
　　　　　　　　(*Leg.* 116. §. *de regulis juris.*)

　　(8)　　　　　M A X I M E.

　　« *Melius est à sapiente corripi, quam stultorum adula-*
tione decipi. «　　　　　　(*Eccles. Cap. VIII.*)

que les projets soient annoncés et répandus par la voie de l'impression; (9) qu'il soit proposé des prix pour les meilleurs plans; (10)

---

(9) CONSÉCRATION PHILOSOPHIQUE de la publicité instructive de tous les ouvrages patriotiques, où les vraies lumières se trouvent, où la vérité se montre à découvert, où le mensonge craint d'être surpris.

« Eh! n'est-ce pas l'intérêt de la Nation entière que ses chefs soient éclairés! Mais peuvent-ils l'être autrement que par des lumières générales? Pourquoi lui cacher des projets dont elle doit être l'objet et l'instrument? Espère-t-on commander aux volontés sans l'opinion, et inspirer le courage sans la confiance? Les vraies lumières sont dans les écrits publics, où la vérité se montre à découvert, où le mensonge craint d'être surpris. Les mémoires secrets, les projets particuliers ne sont guères l'ouvrage que des esprits adroits et intéressés qui s'insinuent dans les cabinets des administrateurs, par des voies obliques et détournées. Quand UN PRINCE, un ministre s'est conduit par l'opinion publique des gens éclairés, s'il éprouve des malheurs, ni LE CIEL, ni LA TERRE ne peuvent les lui reprocher. Mais des opérations faites SANS LE VŒU et LE CONSENTEMENT DE LA NATION, des événemens amenés à l'insçu de tous ceux dont on expose la vie et la fortune, qu'est-ce autre chose qu'une ligue secrète, une conjuration de quelques individus contre la société? Jusqu'à quand l'autorité se croira-t-elle humiliée en s'entretenant avec les citoyens? Jusqu'à quand témoignera-t-elle aux hommes assez de mépris, pour ne pas chercher à se faire pardonner des fautes? »

(G. T. Raynal. Hist. philos. polit.)

(10)   DÉCRET PATRIOTIQUE rendu unanimement par l'Ordre de la Noblesse française, pour consacrer l'immortalité des membres éclairés de l'Ordre du Tiers-Etat.

« La Noblesse desire que le titre précieux de membre de son Ordre, soit accordé par LE SOUVERAIN, SEUL DISPENSATEUR de ce titre, (*) au citoyen qui aura composé le meilleur code civil et criminel, et pour la meilleure réformation du ressort, et la meilleure composition des tribunaux de justice. »

(Mandat. Château-Thierry. etc. . . . .)

(*)   CONSÉCRATION PHILOSOPHIQUE de cette prérogative royale.

et qu'aucun ne reçoive la sanction du monarque

« *Indulgentiâ Cæsaris cujus est ut nobiles conservet et efficiat.* » (*Pline. in Panægyr. Trajan.*)

CONSÉCRATION NATIONALE.

faite unanimement par l'Ordre du Tiers-Etat, de l'institution émulative et salutaire de la Noblesse.

« *LA NOBLESSE HÉRÉDITAIRE EST COMPATIBLE AVEC LE BONHEUR PUBLIC.* »

(*Mandat. Ordre du Tiers-Etat. Rennes. etc.* . . .)

« *Que la noblesse transmissible ne puisse être accordée que dans des cas très-importans.* »

(*Mandat. Ordre du Tiers-Etat. Troyes. etc.* . . .)

« *La noblesse ne pourra plus être acquise à prix d'argent, mais par des actions d'éclat, et par des services rendus à l'état, soit dans la robe, soit dans l'épée, ou par des découvertes utiles à la Nation.* »

(*Mandat. Ordre du Tiers-Etat. Nivernois. etc.* . . .)

« *La noblesse ne sera plus vénale ; cette récompense n'est due qu'au mérite et à la vertu.* »

(*Mandat. Ordre du Tiers-Etat. Nantes. etc.* . . .)

« *Il doit être arrêté comme* LOI FONDAMENTALE, *que la noblesse héréditaire sera rappelée à son ancien état, qu'elle ne donnera aucune prérogative légale, aucune exemption d'impôts, ou charges publiques, aucun droit exclusif à aucune place ecclésiastique, civile ou militaire, le mérite seul sera un titre pour parvenir à tous les emplois.* »

(*Mandat. Ordre du Tiers-Etat. Rennes. etc.* . . .)

« *Les Etats-Provinciaux feront une matricule de la Noblesse de leur district, tenue par un syndic-général, nommé à cet effet, et on ne pourra y être inscrit que contradictoirement avec la communauté du lieu où sera domicilié celui qui voudra se faire inscrire, et le procureur-général-syndic.* »

(*Mandat. Ordre du Tiers-Etat. Nérac. etc.* . . .)

« *Les titres de Noblesse seront vérifiés par des commissaires des trois Ordres.* »

(*Mandat. Ordre du Tiers-Etat. Nantes. etc.* . . .)

« *La recherche des faux nobles sera faite devant les sénéchaux, et les titres produits par les Nobles seront préalablement communiqués aux communautés où ils résideront, afin qu'elles puissent fournir leurs impugnations* ».

(*Mandat. Ordre du Tiers-Etat. Auch. etc.*)

« *L'ennoblissement ne sera accordé, à l'avenir, que par* LETTRES DU PRINCE, *pour de longs et utiles services ren-*

et des *Etats-Généraux*, *sans avoir subi l'exa-*
men et le jugement du public. »

(*Mandat. Clermont-Ferrand. Dijon. etc.*.........)

LES TROIS ORDRES DE LA NATION FRAN-
ÇAISE, ayant unanimement et impérativement rendu les décrets constitutifs, fondamentaux, sacrés
et inviolables, suivans, concernant :

1º. *L'inviolabilité de l'antique et régulière*
Constitution de la France.

2º. *Le maintien salutaire du Gouvernement*
purement monarchique, absolu, juste et pa-
ternel de la France.

DÉCRETS FONDAMENTAUX.

TRACÉS UNANIMEMENT, IMPÉRATIVEMENT
PAR LES TROIS ORDRES
DE LA NATION FRANÇAISE.

« *Nunquam aliud* NATURA, *aliud* SAPIENTIA *dicit*.... »
(*Juvénal.*)

RAISON, ta voix conduit une âme saine et pure;
Et ta voix suit toujours LE CRI DE LA NATURE.

« *La Constitution de l'Etat résulte des lois*
fondamentales qui fixent les droits respectifs
du Roi et de la Nation, auxquels il ne peut
jamais être dérogé. » (11)

---

dus à l'Etat, reconnus et constatés par le suffrage des Etats
provinciaux ; et l'on comptera pour service de cette espèce,
l'exercice d'une place de magistrature fait avec une distinc-
tion marquée pendant vingt ans. »
(*Mandat. Ordre du Tiers-Etat. Rouen, etc.*....)
« *On pourra acquérir la noblesse après trois vétérances ou*
trois vies, tant pour le militaire que pour la magistrature
des Cours souveraines, bien entendu que LE ROI SERA
TOUJOURS LE MAITRE *de l'accorder aux services éclatans* ».
(*Mandat. Auxois. etc.*......)
(11) CONSÉCRATION PHILOSOPHIQUE
de cette salutaire et bien précieuse morale nationale, législative-
SÇAVOIR :

S A V O I R :

« 1°. *Que le Gouvernement français est pure-*
ment monarchique. » (12)

---

constitutive; démonstrative de la suprématie des lois fondamentales.

C'est une conséquence de la nature des lois constitutives,
qu'elles ne sont point subordonnées à l'exercice de l'autorité
souveraine, dont elles règlent le cours et décrivent la circonférence.

Quelqu'auguste que soit le pouvoir des rois, il n'est point
au-dessus des lois fondamentales de l'Etat.

Juges souverains de la fortune et du sort de leurs sujets,
dispensateurs de la justice, distributeurs des graces, ils n'en
doivent pas moins observer une loi primitive à laquelle ils sont
redevables de leur couronne.

Les lois fondamentales ont précédé la grandeur du prince et
doivent lui survivre. Pour ne point changer ces lois, il n'en est
pas moins absolu dans l'exercice de la puissance que ces lois
lui donnent.

Heureuse impuissance que celle qui empêche de faire le
mal !

Dans tout Gouvernement, il y a des lois fondamentales ; et
il n'est pas d'Etat où *le droit* de commander aux hommes, ne
suppose *l'obligation* de les gouverner justement.

(*La justice est des Rois le plus noble partage ;*
Elle est de leur grandeur le plus ferme soutien :
Par elle ils sont de Dieu la véritable image,
Et leurs autres vertus sans elle ne sont rien.)

Cette obligation est exprimée dans les sermens que les Rois
les plus absolus font à leur sacre, et dans les cérémonies de
leur couronnement.

Dieu lui-même n'a pas dédaigné de former un engagement
entre lui et son Peuple.

« *Vous sçaurez, dit* Moïse, *que le Seigneur votre Dieu*
est lui-même le Dieu fort et fidèle, qui garde son alliance
et sa miséricorde jusqu'à mille générations. »

« *Et scies quia Dominus Deus tuus ipse est Deus fortis*
et fidelis, custodiens pactum et misericordiam diligentibus se,
et his qui custodiunt præcepta ejus in mille generationes. »

(*Deut. Cap.* 7. 8. 9.)

(12)   CONSÉCRATION   APOSTOLIQUE
Du Gouvernement purement Monarchique.

« *Optima Ordinatio civitatis vel populi cujuscumque est*

C

« 2°. *Que la personne du Roi est sacrée et inviolable.* » (13)

---

ut gubernetur per Regem , quia hujusmodi maximè repræsentat Divinum Regnum ».

(*S. Thomas. 1. 2. quæst* 105. *art.* 1.)

DIEU étant un et simple dans son être, on ne peut douter que le Gouvernement purement monarchique et absolu qui imite le sien, ne soit le meilleur et le plus parfait.

DÉFINITION PHILOSOPHIQUE
Du Gouvernement purement Monarchique, absolu, juste et paternel de la France.

« *On entend par pouvoir suprème, cette autorité raisonnable, fondée sur les lois mêmes et tempérée par elles, cette autorité juste et modérée qui ne peut sacrifier la liberté et la vie d'un citoyen à la méchanceté d'un flatteur, qui se soumet elle-même à la justice,* (*) *qui lie inséparablement l'intérêt de l'Etat à celui du trône; qui fait d'un Royaume* UNE GRANDE FAMILLE GOUVERNÉE PAR UN PERE. *Celui qui donneroit une autre idée de la monarchie seroit coupable envers le genre humain.* »

(*Voltaire.*)

(*) « *Remotâ itaque justitiâ, quid sunt Regna, nisi magna latrocinia.* »

(*S. Augustin. De Civitate Dei. Lib.* 4. *Cap.* 4.)

« *Les plus grands Conquérans* (*a dit M.* LE DAUPHIN *dans un de ses écrits*) *sont bien au-dessous des Rois pacifiques, justes et humains : il est bien plus beau d'être les délices du monde que d'en être la terreur.* »

(13) CONSÉCRATION PHILOSOPHIQUE, APOSTOLIQUE de cette sublime et filiale morale nationale législative-constitutive; concernant l'indépendance absolue, l'inviolabilité sacrée de la personne du Roi.

« *Rem minimè dubiam, argumentando dubiam facis.* «
(*Cicer. de Naturâ Deorum.*)

« *Craignons de rendre douteuse une chose qui ne l'est pas, en voulant la prouver.* »

Il en est de l'évidence comme de la lumière, on ne peut non plus ajouter à l'évidence qu'éclairer la lumière. Deux sortes de choses sont comme impossibles à prouver par le raisonnement. Celles qui sont si fausses qu'elles ne peuvent être soutenues par aucune raison, et celles qui sont si évidentes,

« 3°. *Que la Couronne est héréditaire de mâle en mâle suivant l'ordre de primogéniture et de proximité.* »

---

qu'elles ne peuvent être prouvées par une plus grande évidence.

LES ROIS *ne sont responsables de leurs actions qu'à* DIEU SEUL. C'est une vérité que le paganisme même a reconnue.

> *Regum timendorum in proprios Greges,*
> *Reges in ipsos imperium est Jovis.*
> (Horat.)

> *Mais le juge des Rois, LE CIEL aux moins profanes,*
> *Dans leur sang, quel qu'il soit, défend de se tremper,*
> *Et le tonnerre seul a droit de les frapper.*
> (Piron. Trag. de Gust.)

> *Rois si vous m'opprimez, si vos grandeurs dédaignent*
> *Les pleurs de l'innocent que vous faites couler,*
> *Mon vengeur est AU CIEL, apprenez à trembler.*
> (Voltaire.)

MARC-AURÈLE, cet empereur que les philosophes ont proposé pour modèle à tous les souverains, disoit :

« *Les magistrats sont les juges des particuliers, LES PRINCES, ceux des magistrats ; mais il n'y a que DIEU QUI SOIT JUGE DES PRINCES.* »
(Vid. Xiphilin.)

AXIOME POLITIQUE-MONARCHIQUE.

« *Liberi sunt Reges à vinculis delictorum , neque enim ullis ad pœnam vocantur Legibus.* »
(S. Ambroise.)

PARAPHRASE NATIONALE
De cet axiôme politique-monarchique.

« *UN ROI n'ayant d'autre intérêt que celui du bonheur de son peuple et de la prospérité de l'Etat, ses fautes doivent être imputées aux perfides conseils des agens subalternes qu'il est forcé d'employer : eux seuls peuvent avoir des intérêts particuliers, militant contre l'intérêt public, et favoriser les uns au détriment de l'autre ; eux seuls doivent donc être responsables des attentats qui ne sont que trop souvent revêtus DU NOM SACRÉ DU ROI.* »
(Mandat. Bugey. etc. . . . .)

C 2

« 4°. *Que la Religion catholique, apostoli-*

PARAPHRASE PHILOSOPHIQUE

De ce dogme politique-monarchique; démonstrative de l'accord parfait de la vraie et saine philosophie avec les plus pures maximes de la religion.

Ah! quand il seroit vrai que l'absolu pouvoir
Eût entraîné le Roi par de-là son devoir,
Qu'il en eût trop suivi l'amorce enchanteresse;
Quel homme est sans erreurs? et quel roi sans foiblesse?
Est-ce à vous de prétendre au droit de le punir?
Vous, nés tous ses sujets, vous, faits pour obéir?
Un fils ne s'arme point contre un coupable père,
Il détourne les yeux, le plaint et le révère.
Les droits des souverains sont-ils moins précieux?
Nous sommes leurs enfans, leurs juges sont les Dieux.
Si le Ciel quelquefois les donne en sa colère;
N'allez pas mériter un présent plus sévère,
Trahir toutes les lois en voulant les venger,
Et renverser l'Etat au lieu de le changer.

(*Voltaire.*)

« Si quelqu'un de nous, (disoit GRÉGOIRE DE TOURS AU ROI CHILPÉRIC) s'écarte de la voie de la justice, vous le pouvez corriger, mais qui peut vous corriger vous, s'il vous plaît de les franchir! Nous vous parlons, mais vous nous écoutez quand il vous plaît. Que si vous vous refusez de nous entendre, qui a droit de vous condamner, sinon CELUI QUI A DIT QU'IL EST LA JUSTICE MÊME? »

Telle étoit l'idée qu'on avoit dès ce tems-là et qu'on a dû toujours avoir de la puissance de nos rois. Elle est et a toujours été monarchique et absolue.

En voilà plus qu'il n'en faut pour établir une vérité que LA RELIGION SEULE rend digne de la vénération de tous les hommes.

« Les discussions affreuses, les désordres infinis qu'entraîneroit nécessairement ce dangereux pouvoir, montrent plus que toute autre chose combien les gouvernemens humains avoient besoin d'une base plus solide que la seule raison, et combien il étoit nécessaire au repos public que LA VOLONTÉ DIVINE INTERVINT POUR DONNER A L'AUTORITÉ SOUVERAINE UN CARACTÈRE SACRÉ et IN-VIOLABLE, qui ôtât aux sujets le funeste droit d'en disposer. Quand LA RELIGION n'auroit fait que ce bien aux

que et romaine (14) *est la seule qui puisse*

hommes, c'en seroit assez pour qu'ils dussent tous la chérir et l'adopter, même avec les abus (et il faut se souvenir qu'on abuse de tout) puisqu'elle épargne encore plus de sang que le fanatisme n'en a fait couler. »

(*Jean-Jacques Rousseau. Discours sur l'Origine, etc...*)

Quel peuple dans l'univers, mieux que LA NATION FRANÇAISE, a plus constamment professé et maintenu cette sublime morale politique !

NATION MAGNANIME et ÉCLAIRÉE, qui, en 1356, en 1614, a religieusement prononcé *par l'organe fidèle et patriotique*, de ses Etats-Généraux :

« QUE LE ROI EST IMPECCABLE, QU'IL DOIT L'ÊTRE, *et que ses ministres sont toujours les seuls coupables.* »

NATION RECONNOISSANTE, qui, salutairement dirigée par les principes sacrés et inviolables du droit public de la monarchie régulière et paternelle de France, a, *unanimement et impérativement* TRACÉ LA LOI DE MAJESTÉ, suivante, *estampe fidèle de son ivresse filiale* POUR SON AUGUSTE et BIENFAISANT MONARQUE.

L O I   D E   M A J E S T É.

« *Que la personne du Roi soit déclarée sacrée et inviolable*, et quiconque osera porter atteinte à ses droits, par écrit, parole ou autrement, sera déclaré coupable DU CRIME DE LÈZE - MAJESTÉ *et* NATIONALE, et comme tel puni des peines les plus sévères. »

(*Mandat. Auxerre. Paris, Bourbonnois. etc....*)

Les Rois sont l'image de la Divinité ; DIEU se sert d'eux pour punir ou récompenser les peuples. Quelque soit un Roi, c'est un présent de DIEU ; PRÉSENT RESPECTABLE. Quiconque s'écarte de ce point viole la loi fondamentale ; puisqu'en manquant à la copie, il manque à l'original.

(14) A P O L O G I E   P H I L O S O P H I Q U E de la Religion catholique, apostolique et romaine, démonstrative que la Religion doit servir de guide aux législateurs.

« *LA RELIGION étant le développement et la modification des principes universels de la morale, les lois ne peuvent ni la détruire ni l'affoiblir; ce seroit ébranler un édifice élevé par* UN ÊTRE *qui a les premiers droits à notre obéissance.* »

« *LA RELIGION doit donc servir de guide aux Législateurs.* »

« *LE DÉCALOGUE SEUL renferme en peu de préceptes*

avoir un culte public.................

___

ce que cent volumes de morale pourroient à peine contenir. Les devoirs de l'homme envers D I E U, envers lui-même, envers ses semblables, y sont établis de la manière la plus lumineuse. Le culte intérieur et extérieur qu'on y prescrit, est, de tous les cultes, le plus pur et le plus religieux. La superstition et l'idolâtrie en sont également bannies. La paix domestique, l'honnêteté conjugale, la tranquillité publique en sont comme les conséquences. Qui ne voit combien peut être utile à la législation UN MODÈLE AUSSI PARFAIT ? »

« Si au milieu de toutes les erreurs de tous les gouvernemens de l'Europe, on voit luire quelques traits d'humanité, c'est un bienfait dont nous sommes redevables à LA RELIGION, qui, développant les principes éternels de l'union et de l'amour réciproque des hommes, et fondant aux pieds des autels leurs droits d'égalité, a raffermi leur liberté naturelle par la proscription de la servitude. Ce chêne antique dont l'ombre avoit, dans tous les tems, couvert la terre d'un pôle à l'autre, a disparu de l'Europe depuis l'établissement DU CHRISTIANISME. »

« Nous pouvons, avec justice, disputer à nos pères la première place au trône de la Raison et de l'Humanité. Ni la jurisprudence de l'Egypte, ni celle de la Grèce, ni celle de Rome, ne peuvent sur ce point être comparées à la nôtre. »

« Le Droit civil et le Droit des gens ont été ennoblis et perfectionnés par LA RELIGION : et PLUT A DIEU que l'esprit et les principes de sa morale eussent toujours dicté les décisions de nos législateurs ! »

(*M. le Chev. de Filangieri.*
La Science de la Législation.)

CONSÉCRATION PHILOSOPHIQUE, HISTORIQUE
de la vérité consolante de cette pieuse et fidelle apologie de
la Religion chrétienne, par le grand Montesquieu.

« Nemo vir magnus, sine aliquo afflatu Divino unquam fuit. »
« *Tull.* » Il n'y a jamais eu de grand-homme sans quelqu'espèce d'enthousiasme et d'inspiration. ».)

« LA RELIGION CHRÉTIENNE EST ÉLOIGNÉE DU PUR DESPOTISME : c'est que la douceur est si recommandée dans l'EVANGILE, elle s'oppose à la colère despotique

avoir un culte public . . . .

---

avec laquelle le prince se feroit justice et exerceroit ses cruautés. . . . .

« *Pendant que les Princes mahomettans donnent sans cesse la mort ou la reçoivent,* LA RELIGION *chez les Chrétiens rend les Princes moins timides, et par conséquent moins cruels. Le Prince compte sur ses sujets, et les sujets sur le Prince.* »

« CHOSE ADMIRABLE. »

« LA RELIGION CHRÉTIENNE, *qui ne semble avoir d'autre objet que la félicité de l'autre vie, fait encore notre bonheur dans celle-ci. C'est* LA RELIGION CHRÉTIENNE, *qui, malgré la grandeur de l'empire et le vice du climat, a empêché le despotisme de s'établir en Éthiopie, a porté au milieu de l'Afrique les mœurs de l'Europe et ses lois. Le Prince héritier d'Éthiopie jouit d'une principauté, et donne aux autres sujets l'exemple de l'amour et de l'obéissance. Tout près de-là, on voit* LE MAHOMÉTISME *faire enfermer les enfans* DU ROI DE SENNAR : *à sa mort, le conseil les envoie égorger, en faveur de celui qui monte sur le trône.* »

« *Que l'on se mette devant les yeux, d'un côté, les massacres continuels des Rois et des Chefs grecs et romains, et de l'autre, la destruction des peuples et des villes par ces mêmes chefs;* TIMUR *et* GENGISKAN, *qui ont dévasté l'Asie, et nous verrons que nous devons* AU CHRISTIANISME, *et dans le Gouvernement un certain droit politique, et dans la guerre un certain droit des gens que la nature humaine ne sçauroit assez reconnoître. C'est le droit des gens qui fait que parmi nous la victoire laisse aux peuples vaincus* CES GRANDES CHOSES, LA VIE, LA LIBERTÉ, LES LOIS, LES BIENS, *et toujours* LA RELIGION, *lorsqu'on ne s'aveugle pas soi-même.* »

(*Esprit des lois. liv.* 24. *chap.* 3.)

CONSÉCRATION NATIONALE
De cette Religion morale politique.

« *La Religion catholique, apostolique et romaine, la seule vraie, la seule Religion de l'état, dont les principes sont si intimément liés au maintien de l'autorité et au bonheur des peuples, sera conservée dans toute son intégrité, et à elle seule appartiendra l'exer-*

avoir un culte public et extérieur en France. » (15)

cice du culte public et extérieur à l'exclusion de toute autre. » (*Mandat. Paris. etc.......*)

« *On demandera qu'on employe tous les moyens que LA PIÉTÉ et LA SAGESSE DU Roi peuvent suggérer, pour réprimer les progrès effrayans de l'irréligion, et sur-tout la licence effrennée de la manifester avec autant d'impunité que d'audace, qu'on prenne les mesures les plus propres pour remédier à la dépravation des mœurs qui en est la suite. »*

(*Mandat. Rhodèz. etc. . . . . . .*)

(15) CONSÉCRATION PHILOSOPHIQUE de cette salutaire, bien précieuse et religieuse morale nationale législative-constitutive; concernant l'unité du culte public et extérieur de la Religion chrétienne, en France.

La règle fondamentale de presque tous les Etats bien policés est de n'avoir qu'un même culte et qu'une même loi : cette règle est établie par les Payens eux-mêmes, malgré la multitude de leurs dieux.

« *Separatim nemo habessit Deos, neve novos, sed nec advenas, nisi publicè adscitos, colunto.* » (*Cicer.*)

Le repos public est l'objet du Gouvernement, le Souverain est le seul juge de ce qui peut établir ou altérer ce repos; il a par conséquent le pouvoir de tolérer ou de proscrire les opinions qui lui paroissent ou favorables ou contraires à la tranquillité de son peuple.

La force d'un Etat consistant dans la parfaite harmonie de toutes ses parties, la conformité de religion est infiniment utile, en ce qu'elle unit les citoyens, et que le nœud dont elle les serre est plus fort que tous les autres liens.

La différence des religions est au contraire funeste, parce qu'elle est opposée à cette union qui est l'objet du Gouvernement. Rien ne met les passions en mouvement, comme la diversité des religions. Elle est la source de la plus violente de toutes les aversions.

Immortale odium et nunquam sanabile vulnus
Ardet adhuc combos et tentyra, summus utrinque,
Inde furor vulgo quod numina vicinorum
Odit uterque locus, cum solos credat habendos
Esse Deos quos ipse cotit. . . . .

(*Juvénal.*)

Il arrive rarement que la religion change seule dans un

« 5°. Que la Nation est composée de trois

---

empire; et jamais un Prince n'expose la religion de ses sujets à être corrompue, qu'il n'expose sa monarchie à être renversée. Une société où les sentimens ne sont pas uniformes, ne peut compter que sur une foi fragile.

« Dès que LA RELIGION POSITIVE s'éteint dans un pays pour faire place à LA RELIGION NATURELLE trop spéculative et trop incertaine pour la multitude, puisque chaque homme diffère de sentimens et de lumière, ce pays marche à grands pas vers sa décadence. »

MÉCÈNE pour persuader qu'on ne doit souffrir aucune innovation, en matière de religion, disoit autrefois à AUGUSTE :

« Que la licence de disputer et l'opiniâtreté invincible de chacun à maintenir les intérêts de sa secte, produisent toujours des brouilleries et des séditions qui troublent le repos public. (Discours rapporté par Dion Cassius. Lib. 52, page 561. D. Ed. H. Step. 4.)

« Le culte est une loi de l'Etat, et doit être uniforme, sous peine de démembrement de l'Etat, s'il y a deux cultes; sous peine de contradiction et de ridicule sur la religion, sous peine en un mot de tomber dans les malheurs qu'entraîne l'irréligion, s'il y en a trente. Le culte doit être uniforme; et le Gouvernement, vengeur des attentats contre les lois, doit veiller scrupuleusement à le maintenir tel : mais, à cet égard, il faut distinguer; l'omission n'est que de négligence, le délit est de commission. Cela s'entend. En général, la loi n'a droit que de nous empêcher de commettre. L'omission n'est pas de son ressort. Toute inspection sur cet article est trop voisine de la tyrannie. Par cette réserve, la liberté de conscience est respectée, et la paix de l'Etat est à l'abri.

(L'Ami des Hommes, tom. 4.)

M A X I M E.

« Piæ Religionis est proprium non cogere, sed suadere. »
(S. Athanase.)

P A R A P H R A S E   N A T I O N A L E
de cette maxime.

« La Religion chrétienne ordonne la tolérance civile; tout citoyen doit jouir de la liberté particuliere de sa conscience; l'ordre public ne souffre qu'une Religion dominante; la Religion s'établit par la persuasion, jamais par la contrainte. »   (Mandat. Ordre du Tiers-Etat. Paris. etc.....)

D

(16) CONSÉCRATION PHILOSOPHIQUE.
Concernant la division salutaire des classes, dans la société.

Aussi-tôt qu'une société commence à prendre une forme, elle se trouve naturellement divisée en plusieurs classes, suivant l'étendue et la variété de ses arts et de ses besoins.

L'ÉGALITÉ dans les conditions, *bannissant toute subordination*, priveroit les hommes des secours qu'ils reçoivent les uns des autres ; et rendant les lois inutiles, entraîneroit une anarchie universelle, et attireroit avec l'impunité des injures, toutes sortes de violences.

La société *est un corps moral*, composé de plusieurs membres, et ainsi que dans le corps naturel, tous les membres ne peuvent être semblables, à cause de la diversité de leurs fonctions qui demandent diverses conformations d'organes, de même, il faut que, *dans un corps moral*, il y ait des personnes qui s'appliquent aux divers emplois auxquels on les destine, afin que les différens besoins *du corps moral* soient remplis.

L'INÉGALITÉ EXTÉRIEURE est l'effet d'une providence merveilleuse et le fondement d'une excellente police.

Qu'on mette aujourd'hui tous les hommes *dans une parfaite égalité pour les rangs*, CETTE ÉGALITÉ, *dont la théorie paroît si agréable*, SERA DEMAIN RENVERSÉE DANS LA PRATIQUE, ou par l'esprit de domination qui saisira les plus forts, ou par l'esprit d'adulation qui prosternera toujours les plus foibles aux pieds des plus forts.

L'ÉGALITÉ GÉOMÉTRIQUE *ne pouvant donc subsister entre les hommes, ni pour les biens, ni pour les rangs*, la raison et notre intérêt nous dictent de nous contenter DE L'ÉGALITÉ MORALE, qui consiste :

En ce que chacun est maintenu dans ses droits, dans son état héréditaire ou acquis, dans sa terre, dans sa maison, enfin dans sa liberté, mais aussi dans la subordination nécessaire, afin que les autres soient maintenus dans la leur.

(17) CONSÉCRATION PHILOSOPHIQUE
de la juste prérogative de la préséance accordée au clergé.

LE RESPECT POUR LA RELIGION tient beaucoup dans l'esprit des peuples, A LA CONSIDÉRATION DONT JOUISSENT SES MINISTRES.

Les Rois mêmes, dans les tems héroïques, étoient les premiers sacrificateurs : les Romains, le peuple le plus religieux de la terre,

(« *Nous avons beau nous flatter, nous ne nous persuaderons*

le Clergé, ...

---

jamais à nous-mêmes que nous l'emportions, ni par le nom-
bre sur les Espagnols, ni par la force du corps sur les Gau-
lois, ni par l'habileté et la finesse sur les Cartaginois, ni
par les arts et les sciences sur les Grecs. Mais l'endroit par
lequel nous avons incontestablement surpassé toutes les na-
tions, c'est LA PIÉTÉ, c'est LA RELIGION, c'est l'entière
persuasion où nous avons toujours été qu'il y a DES DIEUX
qui conduisent et gouvernent l'Univers. » CICÉRON. *»*)

Les Romains, dis-je, n'eurent pour pontifes que des patriciens ;
la place de grand pontife étoit chez eux la plus haute dignité
de l'Etat. Les Grecs ne furent pas moins religieux, et en Grèce,
les citoyens distingués étoient seuls initiés aux mystères de la
religion. Les Hébreux, les Egyptiens, et les Perses eurent tous
le plus haut respect pour leurs prêtres et pour leurs mages. Nos
ancêtres, *ce peuple libre et fier, mais religieux,* ne faisoient
rien *sans consulter* les Druides.

Aujourd'hui même le despotisme du Grand - Seigneur ne
connoît d'autres bornes que les décisions des gens de lois ou
ULHÉMAS, qui, comme on sçait, sont le clergé turc.

Ainsi la raison et l'histoire s'accordent POUR DÉMONTRER
CETTE IMPORTANTE VÉRITÉ :

Que l'amour de la Religion et le respect pour ses mi-
nistres sont inséparables dans l'esprit des peuples.

CONSÉCRATION NATIONALE
de cette pieuse, religieuse et salutaire morale politique.

« *Que tous les droits, honneurs et priviléges, autres que*
l'exemption pécuniaire dont LE CLERGÉ A FAIT LE SA-
CRIFICE VOLONTAIRE *par sa délibération du 27 avril*
dernier, soient conservés et maintenus, attendu qu'ils appar-
tiennent AU CLERGÉ, COMME PREMIER ORDRE *de l'Etat,*
et qu'ils concourrent A FAIRE RESPECTER LA RELIGION
et SES MINISTRES. *»*

(*Mandat. Paris. etc.* . . . .)

« *Que le culte public tendant sans cesse à reproduire*
par des moyens sensibles les idées religieuses qui sont né-
cessaires à la tranquillité et au bonheur des hommes réunis
en société, les Ordonnances qui ENJOIGNENT LE RESPECT
DU AU CULTE *et* A SES MINISTRES, *seront remises sous*
les yeux des Députés de la Nation, pour en ordonner de
plus en plus l'exécution. »

(*Mandat. Bas-Vivarais. etc.* . . . .)

« *Que* LA JUSTE PRÉROGATIVE DE LA PRÉSÉANCE AC-

CORDÉE AU CLERGÉ *et* A LA NOBLESSE SOIT RESPECTÉE. »
(*Mandat. Vivarais. Nivernois. etc.* . . . . . .)

(18) CONSÉCRATION PHILOSOPHIQUE
de la juste prérogative de la préséance accordée à la Noblesse.

« *Nobilitas sola est atque unica virtus.* ».

(*Juvénal.*)

« *La noblesse est née de la vertu.* »

LA NOBLESSE est sans doute quelque chose de considérable,

(*Majorum pictos à tergo ostendere vultus.*)

quand la vertu marche d'un pas égal avec elle; réunies, elles
méritent tous les éloges; séparées, LA NOBLESSE doit gémir
de sa solitude.

C'est un grand art que de sçavoir diriger les préjugés, en corrigeant les uns, en ménageant ou renforçant les autres, quand
ils prennent leur source dans des vérités utiles.

Il y a des préjugés faux en tous points, dangereux, destruc-
teurs, tyranniques; et on ne sçauroit trop s'attacher à les déraciner : tels sont, dans bien des cas, les préjugés d'un faux éclat,
d'une fausse grandeur, d'un honneur mal - entendu, qu'il s'agit
de redresser et d'éclairer.

Il est au contraire des préjugés qu'il faut ménager et respecter, parce qu'ils rentrent dans l'ordre des opinions utiles et fondées : TELLE EST LA NOBLESSE, quand on ne lui assigne que
le degré de mérite qui lui est dû, quand elle est le prix de
services réels, quand elle assure des défenseurs, des soutiens à
l'Etat, et que, par l'exemple d'une vertu héroïque dans d'illustres
ayeux, elle invite leurs descendans à les égaler ou même à les
surpasser.

On pourroit dire en un sens, de certains préjugés, ce que
M. DE MONTESQUIEU a dit des Lois.

« *Permettez de violer la règle, lorsque la règle est
devenue un abus; souffrez l'abus lorsqu'il rentre dans la
règle.* » (*Esprit des Lois. Liv. 25. Chap. 5.*)

La plupart des nations policées ont établi que les citoyens
qui auroient rendu des services considérables à l'Etat, transmet-
troient à leurs enfans, comme un héritage, le rang où l'Etat les
auroit élevés pendant leur vie.

Les nations policées ont pensé que la vertu en seroit plus es-
timée, lorsque les récompenses ne s'arrêteroient pas à celui qui
les auroient procurées; que les citoyens seroient à portée de
rechercher avec ardeur des récompenses honorables qu'ils pour-

et le Tiers; (19) lesdits Ordres distincts et respectivement libres, de manière qu'aucun

---

roient transmettre à leur postérité la plus reculée ; que les pères n'oublieroient rien pour donner à l'Etat des sujets qui ne déshorassent pas ceux qui les avoient mis au monde ; et que les enfans animés par l'exemple de leur père, imiteroient leurs vertus, et conserveroient l'éclat de leur rang par les mêmes voies qu'il auroit été acquis à leur famille.

La grandeur et la conservation de l'Etat, ont toujours été regardées par LA NOBLESSE comme le but de ses travaux et de son propre bien.

(« *La gloire et l'honneur sont pour cette noblesse, qui ne connoît, qui ne voit, qui ne sent de vrai bien que l'honneur et la gloire.* » *Esprit des Lois. Liv.* 13. *Chap* 20.)

CETTE MAGNANIMITÉ est le principe de l'opinion des politiques qui ont unanimement pensé que le maintien de la noblesse est l'un des principaux remparts de l'Etat.

« *Majestatis imperantis fulcrum Regnorum et salutis tutela* ».

Quoique tous les hommes soient tous d'une même espèce, qu'ils soient capables du même bonheur, qu'ils soient également les images DE LA DIVINITÉ, ce seroit se tromper grossièrement que de croire cette égalité de nature incompatible avec une subordination raisonnable.

L'être de tous les hommes est d'une même nature, mais leurs manières d'être sont infiniment différentes.

CONSÉCRATION NATIONALE
du préjugé respectable de la Noblesse, faite unanimement par l'Ordre du Tiers-Etat.

Voir à ce sujet, les décrets ci-devant rapportés sous la note dixième de cet avant-propos.

(19) CONSÉCRATION NATIONALE
de cette hiérarchique organisation sociale, de la monarchie régulière et paternelle de France.

« *Il sera établi par les Etats-Généraux à venir, une constitution et une organisation complettes, régulières, de manière que les Députés soient également, librement, universellement élus, et exclusivement dans leur Ordre, sans que pour les élections, aucun citoyen puisse se faire représenter par procuration, et sans qu'il y ait entre les citoyens*

ne puisse être lié par l'opinion conforme des deux autres. »

« 6°. *Et que les propriétés des Corps et des particuliers sont sacrées et inviolables ,* (20)

---

et les représentans plus d'un seul degré intermédiaire, celui des Electeurs. »

    (*Mandat. Ordre du Tiers - Etats. Paris. Hors les murs. etc. . . . .*)

 « *Les Députés ne pourront élire ni être élus que dans leurs Ordres respectifs.* »

    (*Mandat. Ordre du Tiers-Etat. Gien. etc. . . . . .*)

 « *Que tous les Députés de l'ordre du Tiers-Etat, soient librement élus par leurs Pairs, sans qu'aucun noble ou annobli ne puisse être électeur ni éligible ; les habitans des villes et des campagnes concourrant dans leurs districts à l'élection des députés du Tiers-Etat.* »

    (*Mandat. Ordre du Tiers-Etat. Vannes. etc. . . . . .*)

(20)   CONSÉCRATION PHILOSOPHIQUE de cette salutaire, bien précieuse, nationale et fraternelle morale législative-constitutive ; concernant l'inviolabilité sacrée de toutes les propriétés.

Afin que chacun se contentât de son bien, sans usurper celui d'autrui, NUMA ordonna à ses sujets d'arpenter leurs terres et d'y planter des bornes qui fussent consacrées A JUPITER TERMINAL. Ils devoient tous s'assembler chaque année, un certain jour, pour lui offrir des sacrifices ; et si quelqu'un ôtoit ou transportoit ces pierres, *sa tête étoit dévouée au dieu des bornes :* en sorte que le premier venu pouvoit le tuer impunément *comme coupable de sacriléges.*

Les bornes qui séparent les héritages , et qui étoient ainsi un point de religion pour les Romains, ont toujours été regardées comme sacrées dans toutes les sociétés civiles.

 « *Enlever à quelqu'un ce qui lui appartient est plus contraire à la nature que la mort, que la douleur et toutes les choses du même genre.* »

    (*Cicer. De Offic. Lib. 3.*)

 « *Dans un Etat où la propriété est une fois établie, il faut la regarder comme le fondement de l'ordre, de la paix et de la sûreté publique.* »

    (*De la Législation. Liv. 1er. Chap. 4.*)

 « *La propriété est la base et le lien principal de la*

ainsi que la liberté. » (21)
(*Mandat. Prevôté et Vicomté de Paris. etc....*)

---

*société. On discutera, on dissertera tant qu'on voudra sur
la nature des Gouvernemens; je n'en connois que de deux
sortes : l'un solide et prospère, c'est celui qui tend au
respect et au maintien de la société; l'autre périssable et
malheureux; c'est celui qui attaque et viole la propriété.* »
(*L'Ami des Hommes. Tom.* 4.)

A N A T H È M E   N A T I O N A L
Contre la violation sacrilége de la propriété et de la Liberté.

« *Les Députés seroient des tyrans, s'ils osoient porter
une main sacrilége à la liberté individuelle et à la propriété; base superbe sur laquelle repose l'immense édifice
de la société, que les hommes n'inventèrent que pour protéger les biens et la personne de chacun par la force de
tous, et non pour y attenter avec cette même force.* »
(*Mandat. Bugey. etc. . . . . .*)

(21) R É F L E X I O N S   P H I L O S O P H I Q U E S
Concernant la vraie Liberté civile.

Les Romains, en parlant de la Liberté en général, ont dit :

« *LA LIBERTÉ est la faculté de faire tout ce qu'on
veut, si ce n'est qu'on en soit empéché par la force, ou
par la loi.* »

« *Libertas ex quâ etiam liberi vocantur est naturalis
facultas ejus quod cuique facere licet, nisi quid vi aut
jure prohibeatur.* »
(§. I. *Institut. de Jure personnarum.*)

Dans une société où il y a des lois, la liberté ne peut en
effet consister qu'à pouvoir faire tout ce qu'on doit vouloir, et
à n'être pas contraint de faire ce que l'on ne doit pas vouloir

Tout le pouvoir effrenné d'agir au gré de ses passions, ne se
trouve dans aucune société civile. Oser au préjudice de l'ordre
et du renversement des lois, ce seroit une licence odieuse, une
foiblesse extrême, une véritable servitude.

« *Incerti solutique et magis sine Domino quam in libertate.* »,
(*Tacit.*)

De tous les attributs de l'homme, il n'en est pas qui lui soit
plus précieux, ni qui en soi-même soit plus grand que LA LI-
BERTÉ. Elle est l'appanage de la créature raisonnable. Elle est
l'unique principe du mérite et du démérite des hommes, la véritable source de l'estime qu'ils prétendent et de la honte qu'ils

« Pour ôter désormais à l'esprit de systéme,

craignent, le seul fondement des réccompenses qu'ils peuvent espérer et des choses qu'ils ont à redouter.

DIEU et *la Raison* nous obligent d'obéir AUX SOUVERAINS, et c'est à DIEU et *à la Raison* qu'on obéit *plutôt qu'aux hommes* quand on obéit AUX SOUVERAINS.

Qu'y-a-t-il de plus conforme à l'ordre que LA PROVIDENCE a établi, qu'y-a-t-il de plus raisonnable, que d'obéir à ceux qui exercent sur nous, pour notre propre bien, une autorité légitime et réglée par les lois?

Tout excès de liberté est licence, et la licence est le renversement de la liberté. Qui pourroit être appellé libre, si l'on cessoit de l'être pour être soumis à l'ordre!

LES ROIS EUX-MÊMES ne le seroient pas. LES BONS ROIS ne reconnoissent-ils pas l'autorité des lois? LES ROIS POLITIQUES ne sont-ils pas assujettis à l'intérêt de leur état? LES ROIS LES PLUS ABSOLUS ne sont-ils pas assujettis à l'ordre du gouvernement?

Tous les princes ne doivent-ils pas être soumis à la justice? Ne sont-ils pas dans la dépendance des engagemens qu'ils prennent avec leurs alliés? Ne dépendent-ils pas tous de leurs sujets, dans le sens que les maîtres dépendent de leurs domestiques? Tous les hommes, sans en excepter ceux qui gouvernent, ne reconnoissent-ils pas l'empire des bienséances? Quel est le lieu sur la terre, pour le dire en un mot, où les hommes ne tiennent pas à certains liens, et où il n'y ait pas une subordination qui est tout-à-la-fois nécessaire et utile, et qui les met indispensablement dans la dépendance les uns des autres?

Il faut donc rejetter comme une erreur populaire cette opinion qui n'est que trop généralement répandue, qu'on n'est pas libre sous un gouvernement.

Tout ce que certains auteurs débitent au sujet de la liberté et de l'esclavage, n'est qu'une vaine et téméraire déclamation. Ce sont de grands mots que l'art oratoire fera toujours valoir auprès des esprits artificiels ou de mauvaise humeur, mais dont les sages connoîtront toujours le prix dans la précision convenable. LA LIBERTÉ, dans l'étendue qu'on voudroit lui donner, *est une chimère* dont les hommes ne peuvent jouir, et dont il seroit dangereux et pernicieux qu'ils pussent jouir. LA VÉRITABLE LIBERTÉ, *toute fondée sur l'ordre*, DOIT ÊTRE SUBORDONNÉE AUX LOIS. Les hommes ont besoin de trouver hors d'eux-mêmes *un frein qui les retienne*, et ils le trouvent dans les lois. Leur autorité n'est point un joug pour les sujets,

jusqu'à

jusqu'à l'ombre du prétexte pour attaquer notre Constitution, l'Assemblée donne mandat spécial à ses Députés aux Etats-Généraux qu'il soit expressément et solemnellement proclamé que la Constitution de l'Empire français, est telle que son Gouvernement est et doit rester

---

mais une règle qui les conduit, un secours qui les protége, une vigilance paternelle qui ne s'assure de la soumission des sujets que parce qu'elle s'assure de leur tendresse. C'est un genre de dépendance qui ne doit jamais cesser, c'est le fondement du repos public et du bonheur de chaque particulier.

Quelque précieuse que soit la liberté aux hommes, elle leur deviendroit bientôt nuisible, si la société où ils vivent n'en régloit l'usage.

Ils trouvent dans les Lois, des décisions sages et faites par une raison tranquille, état où rarement la leur se trouve. Leur rigueur salutaire redouble les forces de chaque citoyen, au lieu de les affoiblir. On ne nous prive pas de notre liberté, quand on fixe les mouvemens de notre cœur et qu'on donne à la volonté des règles sages qui la déterminent au bien général de la société, et qui du bien général fait naître le bien particulier. Les Lois établies *pour prévenir et pour punir le vice* LAISSENT TOUTE LA LIBERTÉ A LA VERTU; elles conservent aux hommes la force de la liberté, et les empêchent de tomber dans la foiblesse de la licence.

C'est conserver LA LIBERTÉ des hommes, c'est la défendre et non la détruire que de leur prescrire des règles de conduite.

Obéir aux lois, ce n'est pas être esclave des lois, c'est être affranchi des passions.

LA VÉRITABLE LIBERTÉ tient un juste milieu entre LA TYRANNIE et L'ANARCHIE, et est également éloignée de toutes les extrêmités.

DÉFINITION PHILOSOPHIQUE
De la vraie Liberté civile, par M. de Montesquieu.

« LA LIBERTÉ CIVILE *consiste principalement à ne pouvoir être forcé à faire autre chose que LA LOI N'ORDONNE PAS, et on n'est dans cet Etat que parce qu'on est gouverné par des lois civiles* ».

« *NOUS SOMMES DONC LIBRES QUAND NOUS SOMMES GOUVERNÉS PAR LES LOIS.* »

(*Esprit des Lois.*)

E

Monarchique; (22) que la Couronne est héré-

---

(22) CONSÉCRATION PHILOSOPHIQUE

De cette salutaire et bien précieuse morale nationale, législative-constitutive, démonstrative que le gouvernement monarchique est le plus idoine à la France:

LA MONARCHIE convient aux grands Etats.

Dès que plusieurs provinces ne forment qu'une seule société, LA POLITIQUE ne pouvant établir une égalité réelle dans la fortune des citoyens, n'y sçauroit affermir le gouvernement populaire.

Le peuple cesse bientôt d'être libre, parce que les citoyens pauvres *doivent être nécessairement soumis* aux citoyens riches ; et ce peuple après avoir excité quelques orages inutiles, cherche lui-même UN MAITRE qui le délivre de ses propres caprices.

Au rapport de Tite-Live et de tous les anciens historiens, le peuple romain fut à peine délivré de la crainte des rois, qu'il commença à être violemment agité par les troubles continuels qu'excitèrent les tribuns.

« *Plebs, soluta Regio metu, agitari cœpit tribunitiis procellis.* »   (*Tit.-Liv. Lib.* 2)

Le peuple romain étoit assurément plus libre sous Tite et Trajan, qu'il ne l'étoit sous les décemvirs et sous les tribuns.

Rome commença par le gouvernement monarchique, et après avoir essayé de toutes les formes de gouvernement, revint à la domination d'un seul, comme à son état naturel.

LE POLITIQUE ROMAIN a eu raison de dire :

« *Qu'il est plus aisé de louer que d'établir une forme de Gouvernement composé de ce qu'il y a de meilleur dans les trois formes, mais que quand elle seroit possible, elle ne pourroit subsister long-tems.* »
(*Tacit. Annal. Lib.* 4.)

J'engage mes lecteurs, pour se convaincre de cette vérité incontestable, consacrée par la raison et par l'expérience, au sujet de la défectuosité inséparable de tous les gouvernemens mixtes et irréguliers, de jetter un coup-d'œil attentif sur le tableau des vices inhérens à la constitution mixte et irrégulière de l'Angleterre, si lumineusement et si judicieusement tracé par M. LE CHEV. DE FILANGIERI, dans son immortel ouvrage, intitulé : « LA SCIENCE DE LA LÉGISLATION. »

ditaire (23) *et non élective,* (24) *que les*

(23) CONSÉCRATION PHILOSOPHIQUE
de cette salutaire et bien précieuse morale nationale, législative-
constitutive; démonstrative des avantages résultans pour le
peuple, de l'hérédité de la couronne.

C'est un avantage pour le peuple que le gouvernement se
perpétue par les mêmes voies qui perpétuent le genre humain,
et qu'il aille, pour ainsi dire, de pair avec la nature. Toutes
choses d'ailleurs égales, il faut préférer ce qui est réglé par
l'ordre fixe et constant de la nature, à ce qui n'est que l'effet
de la volonté capricieuse et inconstante des hommes.

(24) CONSÉCRATION PHILOSOPHIQUE
de cette salutaire et bien précieuse morale nationale, législative-
constitutive; démonstrative des désastres résultans pour les
peuples, du système des couronnes électives.

Ce n'est guères que par la force ou par des brigues qu'on
monte sur le trône des monarchies qui se donnent des maîtres
à la pluralité des voix. Qu'on lise ce qu'en écrivent les historiens mêmes du pays.

« *Revolvite annales nostros, vix unum exemplum liberæ
electionis invenietis, cui aliqua vis. aut ars immixta non
fuerit.* »

(*Sarniski. Auteur Polonois.*).

Un seul peut être élu, combien aspirent à l'être!

Dans un royaume électif, les projets qui doivent mûrir; les
desseins qui ont besoin de beaucoup de tems pour être exécutés, les vues suivies demeurent ordinairement sans exécution,
parce que d'un roi à l'autre, le fil des négociations est coupé.

Pendant l'interrègne, l'état est comme dans l'anarchie, privé
de sa forme ordinaire, et demeurant sans celui qui a coutume
de le gouverner, ainsi qu'un vaisseau sans pilote. Les cabales se
forment, les partis s'entre-choquent, les lois gardent le silence,
et la guerre embrâse les provinces.

Qui ne connoît les troubles que causa en 1697, l'élection
D'AUGUSTE et DU PRINCE DE CONTI!

Qui ignore que la dernière élection de Pologne, en 1733, a
été la cause d'une guerre qui a coûté plus de deux cent mille
hommes à l'Europe.

Un Roi qui n'a rien à espérer pour ses descendans, n'est
occupé que de ses vues particulières. Au lieu que le prince dont
la couronne est héréditaire, regarde l'état comme un héritage
qu'il doit laisser à sa postérité. En travaillant pour son royaume,

femmes et leurs descendans y sont exclus de
la succession au tróne; que cette succession
est dévolue de droit et sans partage (25) *à*

---

il travaille pour ses enfans; et l'amour qu'il a pour son royaume, confondu avec celui qu'il a pour sa famille, lui devient naturel.

Les grands ne s'accoutument pas aisément à regarder comme leur souverain un homme avec qui ils avoient vécu comme avec leur égal, ils n'obéissent qu'avec peine à un roi qui est leur ouvrage.

Les peuples respectent bien davantage un prince que la naissance a appelé au trône, que celui qui ne doit la couronne qu'à l'élection; ils attachent leur vénération à une maison toujours régnante, et la jalousie qu'on a naturellement contre ceux qu'on voit au-dessus de soi, se tourne en amour et en respect.

Les grands mêmes obéissent à une maison perpétuellement maîtresse, à laquelle on sçait que nulle autre ne peut être comparée.

(25) CONSÉCRATION PHILOSOPHIQUE de cette salutaire et bien précieuse morale nationale, législative-constitutive; concernant l'indivisibilité de la succession au trône.

« *Qu'il n'y ait qu'un Maître et qu'un Roi.* »
« *Pluralité de Princes n'est pas une bonne chose.* »
(*Homère. Vers* 204 *et* 205.)

« INSOCIABILE REGNUM. »
(*Tacit. Annal. Lib.* 13.)

PARAPHRASE DE CETTE MAXIME.

L'intérêt de l'Etat est de n'avoir qu'un Roi,
Qui d'un ordre constant gouvernant ses Provinces,
Accoutume à ses lois et le Peuple et les Princes.
(*Racine.*)

MAXIME.

« NON CAPIT SOLIUM DUOS.
(*Sénec.*)

PARAPHRASE DE CETTE MAXIME.

Jamais dessus le trône on ne vit plus d'un maître;
Il n'en peut tenir deux quelque grand qu'il puisse être;
L'un des deux, tôt ou tard, se verroit renversé,
Et d'un autre soi-même on y seroit pressé.
(*Racine.*)

l'aîné de la ligne masculine la plus proche dans la famille régnante, né français et ré-gnicole, (26) qu'à lui seul appartient et sans dépendance, (27) le droit de régir et gouverner l'Etat, sous le titre DE ROI, (28) avec la

(26) CONSÉCRATION PHILOSOPHIQUE de cette salutaire et bien précieuse morale nationale, législative-constitutive ; concernant la dévolution fondamentale de la succession à la couronne, à l'aîné de la ligne masculine la plus proche dans la famille régnante, né français et régnicole.

Il convient de respecter ce droit de primogéniture ; il est fondé sur le droit de l'âge, de la maturité et de l'expérience. Tant qu'il y a eu des mœurs, les cadets ont honoré leur aîné comme le chef de la famille. Combien à plus forte raison ce droit de primogéniture doit être respecté dans la famille régnante, par la nécessité, pour le bien public, de fixer sur une tête les droits et les prérogatives du chef social ?

(27) CONSÉCRATION PHILOSOPHIQUE de cette salutaire et bien précieuse morale nationale, législative-constitutive ; concernant l'indépendance absolue des monarques français.

Voir à ce sujet, les réflexions politiques ci-devant faites et placées sous la note treizième de cet avant-propos.

(28) TITRE SACRÉ de bienfaiteur des Nations, attribué aux Rois, par L'ECRITURE SAINTE.

« *Les Rois des Nations les dominent, dit* LE SAINT-ESPRIT, *et l'on donne le nom de Bienfaiteur à ceux qui les gouvernent souverainement* »

« *Reges gentium dominantur eorum et qui potestatem habent super eos benefici vocantur.* » (*S. Luc.*)

CONSÉCRATION NATIONALE de ce titre sacré de Bienfaiteur, attribué aux Rois ; faite unanimement par l'Ordre du Tiers-Etat.

« *Les Etats-Généraux ordonneront qu'*IL SERA ÉRIGÉ A LOUIS, RESTAURATEUR DE LA LIBERTÉ, LE PLUS MAGNIFIQUE DES MONUMENS QUE LA FRANCE AIT CONSACRÉ A LA GLOIRE DE SES ROIS. »

(*Mandat. Ordre du Tiers-Etat. Prévôté et Vicomté de Paris etc.* ....)

« *Les Députés seront chargés de se réunir aux autres*

plénitude des pouvoirs exécutifs; (29) mais

---

*Députés des communes du royaume, et enfin aux Députés
des deux premiers Ordres, si, comme il n'est pas permis
d'en douter, l'objet de cette invitation leur étoit agréable,
pour charger l'orateur du Tiers-Etat, ou celui des trois
Ordres* DE SUPPLIER SA MAJESTÉ;

1°. *D'agréer et de recevoir de la part de la Nation* UN SUR
NOM DIGNE DE TOUTES LES QUALITÉS ÉMINENTES D'UN
SI GRAND PRINCE, *et* QUI CARACTÉRISE SPÉCIALEMENT
SES VERTUS PATRIOTIQUES, *à l'exemple de* LOUIS XII,
*qui reçut ainsi de la Nation assemblée aux Etats-Généraux
de Tours,* LE SUR-NOM DE PÈRE DU PEUPLE. »

2°. *D'agréer et de permettre qu'en mémoire du nouveau
rétablissement des comices nationaux et du nouveau pacte
d'alliance entre* LE ROI DES FRANCS *et* SES FIDÈLES
SUJETS, *un monument public soit incessamment élevé à
Paris par la Nation; que la place au milieu de laquelle ce
monument sera érigé, soit nommée la place des Etats-
Généraux, et que le monument qui y sera placé* SOIT
DÉDIÉ A LOUIS XVI, *et qu'il* SURPASSE EN MAGNI-
FICENCE *tous les autres monumens publics de la capitale,*
POUR ANNONCER *aux étrangers, et à la postérité l'im-
portance de l'événement et* L'ÉNERGIE DES SENTIMENS
QUI EN FONT VOTER L'ÉRECTION. »

(*Mandat. Ordre du Tiers-Etat. Rouen. etc.* . . . . . .)

(29) CONSÉCRATION PHILOSOPHIQUE
de cette salutaire et bien précieuse morale nationale législative-
constitutive ; concernant l'indivisibilité du pouvoir exécutif
entre les mains paternelles et bienfaisantes du Roi.

« *Plus un Empire est étendu, plus le pouvoir qui dis-
pose de la force publique doit avoir d'énergie; et c'est par
cette raison que* LE POUVOIR MONARCHIQUE, *où la volonté
d'un seul homme meut à l'instant tous les ressorts de la
force nationale, convient spécialement à de grands pays,
entourés de voisins jaloux et puissans, et par conséquent
toujours exposés à leurs incursions et évasions, si les
moyens de les repousser n'avoient toute la force qu'il est
possible de leur donner.* »

« *Toutes les histoires attestent que par-tout où* LE POU-
VOIR EXÉCUTIF A ÉTÉ PARTAGÉ, *des jalousies, des haines
interminables ont agité les esprits, et qu'une lutte sanglante
a toujours abouti à la ruine des lois, et à l'établissement*

suivant et par des lois fixes, qu'il ne peut changer à sa volonté, d'autant que suivant la Constitution de ce même Empire deux causes y doivent toujours concourrir à la formation de la loi et à son abrogation, le consentement de la Nation et le décret du Prince, suivant cette maxime vraiment constitutionnelle et fondamentale, conséquente aux droits inaliénables de l'homme, et consacrée depuis long-tems dans les annales de notre législation. »

« Lex consensu Populi fit et constitutione Regis ». (30)

(Mandat Alençon. etc.....)

« Le Gouvernement purement monarchique étant la constitution inébranlable de la France, la plus propre à sa tranquillité intérieure, et à sa sûreté au dehors, la plus convenable à l'étendue de ses Provinces, la plus conforme au caractère de ses peuples qui, dans tous les tems se sont distingués par leur amour pour leur Souverain; nous ne nous prêterons jamais à rien de ce qui tendroit à altérer la forme de ce Gouvernement : nous y sommes inviolablement attachés par les devoirs les plus sacrés de l'obéissance, par les liens du serment et de la fidélité, par l'amour et le respect pour nos maîtres, et par le bonheur de leur être soumis. » (31)   (Mandat. Dourdan. etc.......)

---

du plus fort. Le pouvoir exécutif n'est rien lorsqu'il est divisé, parce qu'il n'y a plus alors, ni cet accord, ni ce secret, ni cette célérité qui peuvent seuls lui donner de l'énergie. »

(G. T. Raynal, Hist. Philos. Polit.)

(30) Français,
Connoissons bien notre bonheur, n'allons pas demander au Ciel une autre législation.

(31) « Felices errore suo...·................
Dans une erreur si douce, ils trouvent un vrai bien.

« *Que la Nation conserve inviolablement*
la forme de son Gouvernement , qu'elle re-
connoît et veut étre une pure Monarchie réglée
par les lois. » (32)

(*Mandat. Dijon. etc*..........)

« *Qu'il soit reconnu que le Gouvernement*
purement Monarchique est le seul admissible
en France, que la couronne est héréditaire de
mâle en mâle dans la maison régnante , et
suivant l'ordre de primogéniture à l'exclusion
des femelles et de leurs descendans ; que la per-
sonne du Roi est toujours sacrée et inviolable ;
et qu'en cas de défaillance de la race royale,

---

(32) CONSÉCRATION PHILOSOPHIQUE
de cette salutaire et bien précieuse morale nationale, législative-
constitutive; démonstrative de l'inviolabilité du gouvernement
purement monarchique de la France.

Lorsqu'une grande Nation a le bonheur d'être soumise au
Gouvernement absolu, juste et paternel d'une monarchie pure
et régulière, l'intérêt le plus grand qu'elle puisse avoir, c'est
que L'AUTORITÉ SOUVERAINE SOIT AFFERMIE SANS CON-
TRADICTION. Autrement les regles fondamentales recevant une
atteinte, la constitution du gouvernement est énervée.

Tout état est un établissement de société, à certaines conditions dont il exige l'observation. Si un citoyen pouvoit faire ce
que les lois défendent, il n'auroit plus de liberté , parce
que ses compatriotes auroient le même pouvoir; mais aucun
Gouvernement ne laisse *une liberté absolue, indépendante*
des lois. Il y a donc peu de différence entre la liberté dont
on jouit sous un gouvernement, et celle qu'on a sous un autre.

Sous quelque gouvernement qu'on vive, il faut respecter les
lois , et l'on peut établir comme un principe incontestable que
chaque particulier a intérêt et est obligé en conscience de se
conformer au gouvernement reçu dans le pays où LA PROVI-
DENCE l'a fait naître, ou dans lequel elle l'a conduit.

Nous devons présumer que l'état où sommes nés, étoit le
plus propre à ceux qui l'ont choisi; et il nous sera toujours
avantageux de croire qu'il est aussi celui qui nous convient le
mieux à nous-mêmes

Heureux les hommes, s'ils ne régloient leurs opinions sur

la

la Nation rentre dans le droit d'élire son Roi. » (33)

(Mandat. Bourbonnois. etc........)

. *« Qu'on établisse la forme constitutionnelle de la Monarchie française sur les principes et fondemens certains, justes et immuables d'une monarchie tempérée par les lois. Elle portera sur la base de l'égalité des droits,* (34)

---

des préjugés, que dans des cas où, comme ici, les préjugés sont utiles !

Il n'est pas question pour des sujets de choisir une forme de Gouvernement, il n'ont besoin que d'être assez sages pour s'accommoder à celle qu'il trouvent établie.

« Quand l'on parcourt sans la prévention de son pays, toutes les formes de Gouvernement, l'on ne sçait à laquelle se tenir : il y a dans toutes, le moins bon et le moins mauvais »

« Ce qu'il y a de plus raisonnable et de plus sûr, c'est d'estimer celle où l'on est né, la meilleure de toutes, et de s'y soumettre. » (*De la Bruyère.*)

(33) CONSÉCRATION PHILOSOPHIQUE de cette salutaire et bien précieuse morale nationale, législative-constitutive ; concernant ce droit fondamental de la Nation française.

C'est un usage antique et sacré parmi nous,
Quand la mort sur le trône étend ses rudes coups,
Et que du sang des Rois si chers à la Patrie,
. *Dans ses derniers canaux la source s'est tarie,*
Le Peuple au même instant rentre en ses premiers droits,
Il peut choisir un maître, il peut changer ses lois.
Les Etats assemblés, organes de la France,
Nomment un souverain, limitent sa puissance :
Ainsi de nos ayeux les augustes décrets
Au rang de Charlemagne ont placé les Capets.
(*Voltaire. Henriade. Chant* 4me.)

(34) Non pas cette Egalité métaphysique si fort prônée dans des rêves politiques, mais CETTE ÉGALITÉ, *l'ame des Gouvernemens,* qui n'a point pour objet *les conditions,* mais *les droits civils,* ainsi que la Nation française l'a si judicieusement distingué par les décrets patriotiques, suivans:

• *Que les droits civils du dernier citoyen soient égaux à*

F

---

ceux des membres les plus distingués des deux premiers
Ordres. »

» Que les trois Ordres distingués par leurs rangs, soient
égaux par leurs droits, comme les trois sortes de propriété
sont franches. »

(Mandats. Ordre du Tiers-Etat. Foix, Saintonge. etc.......)

(35) CONSÉCRATION PHILOSOPHIQUE
concernant la hiérarchie salutaire des rangs, dans la monarchie
régulière et paternelle de France.

« S'il n'y a plus de besoins, il n'y a plus d'arts, plus
de sciences, plus d'invention, plus de méchanique. D'ailleurs
cette égalité de possessions et de richesses en établit une
autre dans les conditions, bannit toute subordination, réduit
les hommes à se servir eux-mémes, et à ne pouvoir être
secourus les uns des autres, rend les lois frivoles et inutiles,
ENTRAINE UNE ANARCHIE UNIVERSELLE, attire les
violences, les injures, les massacres, l'impunité. »

» Mais si vous établissez que de tous les hommes répandus dans le monde, les uns soient riches, et les autres
pauvres et indigens, vous faites alors que le besoin rapproche mutuellement les hommes, les lie, les réconcilie :
ceux-ci servent, obéissent, inventent, travaillent, cultivent,
perfectionnent ; ceux-là jouissent, nourrissent, secourent,
protégent, gouvernent : TOUT ORDRE EST RÉTABLI et
DIEU SE DÉCOUVRE. »

« Une certaine inégalité dans les conditions qui entre-
tient l'ordre et la subordination, est L'OUVRAGE DE DIEU,
ou SUPPOSE UNE LOI DIVINE ; une trop grande dispro-
portion, et telle qu'elle se remarque parmi les hommes,
est leur ouvrage, ou la loi du plus fort. »

« Les extrémités sont vicieuses, et partent de l'homme :
TOUTE COMPENSATION EST JUSTE et VIENT DE DIEU. »

(De la Bruyère. Chap. 16.)

SENTIMENS PHILOSOPHIQUES
de l'histoire du commerce des Européens dans les Deux-Indes,
sur la chimère de l'égalité des conditions.

« La chimère de l'égalité des conditions est la plus
dangereuse de toutes dans une société policée. Prêcher ce
systême au peuple, ce n'est pas lui rappeler ses droits,

intégrante du Gouvernement monarchique. » (36)

c'est l'exciter au pillage ; c'est déchaîner des animaux domestiques, et les changer en bêtes féroces. »

« Il n'y a dans la nature qu'une égalité de droits, et jamais une égalité de fait. Les sauvages mêmes ne sont pas égaux, dès qu'ils sont rassemblés en hordes ; ils ne le sont que lorsqu'ils errent dans les bois ; et alors même celui qui laisse prendre sa chasse, n'est pas l'égal de celui qui l'emporte. »

« Voilà la première origine de toutes les sociétés. »

« On a dit que nous étions tous nés égaux ; ce n'est pas. Que nous avions tous les mêmes droits. J'ignore ce que c'est que des droits, où il y a inégalité de talent ou de force, et nulle garantie, nulle sanction. Que la nature offroit à tous une même demeure et les mêmes ressources : cela n'est pas. Que nous étions tous doués indistinctement des mêmes moyens de défense : cela n'est pas ; et je ne sçais en quel sens il peut être vrai que nous jouissons des mêmes qualités d'esprit et de corps. »

« Il y a entre les hommes UNE INÉGALITÉ ORIGINELLE à laquelle rien ne peut remédier ; il faut QU'ELLE DURE ÉTERNELLEMENT ; et tout ce que peut obtenir la meilleure législation, CE N'EST PAS DE LA DÉTRUIRE, C'EST D'EN EMPÊCHER LES ABUS. »

(*G. T. Raynal, Hist. Philos. Port.*)

(36)　　BUT　SALUTAIRE
de la Justice distributive.

Ignore-t-on que LA JUSTICE DISTRIBUTIVE consiste à rendre à chacun ce qui lui appartient ? Seroit-ce contredire les principes et le vœu de CETTE JUSTICE DISTRIBUTIVE, que de MAINTENIR CHAQUE CORPS, CHAQUE COMMUNAUTÉ, CHAQUE CITOYEN DANS LES PRÉROGATIVES DONT IL EST EN POSSESSION ?

(« *Ne pas respecter les droits légitimes et bien établis, c'est amener l'anarchie, c'est-à-dire le despotisme de tous, après laquelle le despotisme d'un seul est un bonheur ; car dans le dernier état, un seul homme dans le premier, tous les individus se mettent au-dessus des lois.* »

» *Mandat Bugey. etc.* . . . . . .)

Pourquoi regardera-t-on comme une injustice dans la formation des Monarchies, que LES ÉTATS, LES RANGS, LES CONDITIONS des sujets aient été distingués, que ces distinctions

Qu'il y ait une garantie sûre et inviolable à tous et un chacun des membres de l'Etat, des droits imprescriptibles de la nature et de la société ; savoir : sûreté, liberté, honneur (37)

---

aient été les conditions primordiales sous lesquelles on s'est soumis à la souveraineté du Monarque ; avec quelques connoissances de l'ancienne histoire de France, on n'a pas de peine à se persuader cette vérité ; et si l'on veut même faire attention, on reconnoîtra sans peine ce qui caractérise essentiellement l'état monarchique et le distingue de l'état despotique, c'est dans l'un la diversité des classes et des ordres des sujets, et les prérogatives qui leur sont attachées, distinctions qui excitent l'émulation dans toutes les professions, et forment les principaux liens entre les sujets et le Souverain ; et dans l'autre, au contraire, l'uniformité des conditions parmi les citoyens, également esclaves, d'où naît un engourdissement dans les esprits qui leur rend tout indifférent jusqu'à la vie même ; aussi L'ILLUSTRE AUTEUR DE L'ESPRIT DES LOIS, dont tous les publicistes de l'Europe font l'éloge avec justice, dit si bien, tome 1ᵉʳ. liv. 2. chap. 4 :

« *Abolissez dans une monarchie les prérogatives des seigneurs, du clergé, de la noblesse et des villes, vous aurez bientôt un état populaire, ou bien un état despotique.* »

(37) CONSÉCRATION NATIONALE des lois sacrées, inaltérables, et imprescriptibles de l'honneur, faite unanimement par l'Ordre du Tiers-Etat.

« *Il est une monnoie idéale, mais puissante, bien précieuse et bien chère dans un royaume comme la France, C'EST LE TRÉSOR DE L'HONNEUR, TRÉSOR INÉPUISABLE si l'on y sçait puiser avec sagesse. Les Etats-Généraux rendront au peuple et à la postérité un service signalé, s'ils trouvent le moyen DE REFRAPPER EN QUELQUE SORTE CETTE MONNOIE NATIONALE, et de lui rendre assez de cours pour qu'elle puisse suppléer (comme cela fut autrefois, comme cela peut être encore) à ces vils et honteux salaires toujours évalués en argent, et qui ne sçauroient être le prix de l'héroïsme et de la vertu.* »

(*Mandat. Ordre du Tiers-Etat. Toul. etc.* . . . . .)

APOLOGIE PHILOSOPHIQUE du principe sublime de la Monarchie régulière et paternelle de France ; L'HONNEUR.

« *L'HONNEUR, ce ressort le plus puissant que le législa-*

et propriétés, de quelque nature et qualité qu'elles soient (38).

(Mandat. Condom. etc.....)

« *Aussi-tôt que la forme de délibérer sera fixée, les Députés s'occuperont à donner à la France une constitution vraiment monarchique,* (39) *qui fixe invariablement les droits du*

---

teur puisse mettre en œuvre pour parvenir au grand but du bien général, vérité importante, apperçue par L'ILLUSTRE MONTESQUIEU *, mais qu'il n'a peut-être pas assez développée pour les esprits ordinaires, qui n'ont vu qu'une opinion systématique dans l'idée la plus grande, la plus féconde et la plus utile.* »

(*Esprit militaire. Chap.* 18.)

DEVISE DE LA NATION FRANÇAISE.

Des lois que nous suivons la première est L'HONNEUR.

(*Voltaire.*)

(38) QUELLE BASE PATRIOTIQUE ! tracée unanimement par les trois Ordres de la Nation française, pour parvenir infailliblement à établir la forme constitutionnelle de la Monarchie française, sur les principes et fondemens certains, justes et immuables d'une monarchie tempérée par les lois.

FRANÇAIS,

Telle est la boussole lumineuse qui m'a uniquement et exclusivement dirigé dans la composition DE CE CODE DE LÉGISLATION FRANÇAISE que j'ose soumettre à votre examen et à votre jugement. Daignez l'analyser sous la multiplicité de tous ses différens rapports, pour vous convaincre entièrement QUE VOTRE VŒU UNANIME A ÉTÉ CONSTAMMENT LA LOI LA PLUS SACRÉE et INVIOLABLE qui m'ait fixément guidé dans toutes mes veilles politiques et dans la rédaction de toutes mes conceptions patriotiques.

(39) OBSERVATION.

LA NATION FRANÇAISE est plutôt *entraînée vers la pure monarchie,* comme par un instinct sûr et lumineux, par un penchant naturel qui se laisse peut-être balancer un moment, pour retomber et se précipiter avec ivresse dans le sein tutélaire, consolateur et bienfaisant de son gouvernement absolu, juste et paternel, aussi-tôt qu'elle aura reçu la plus légère impulsion dans la situation la plus fâcheuse et la moins vraisemblable, il ne faut pas désespérer du pouvoir de la raison, sur

Prince et de la Nation , qui assure la puissance de l'Etat, l'autorité du Monarque et le bonheur des sujets. »

(*Mandat. Dax. Saint-Sever. Bayonne. etc...*)

« *Que tous les sujets du Roi soient vraiment français par le Gouvernement , comme ils le sont tous par l'amour qu'ils portent à leur souverain ; que les Etrangers , voisins des provinces frontières , puissent desirer et envier le gouvernement juste et paternel du royaume* (40).

(*Mandat. Toul. etc. . . . .*)

« *Que réunis par le génie bienfaisant du monarque dont la douce influence pénétrera tous les cœurs , remplis du sentiment profond du bonheur de tout un peuple , les députés de tous*

---

une Nation vive et capable d'écarts, mais aussi flexible et capable des plus heureux retours. Il est impossible que LA NATION FRANÇAISE n'accueille pas avec intérêt la simple et pacifique raison, lorsqu'elle lui sera présentée sous un jour doux et modéré, (*comme je crois l'avoir fait par le Code de Législation française , ci-devant énoncé.*) et non pas trop éblouissant, comme dans la plus sublime production politique qu'ait enfanté l'esprit humain, (L'ESPRIT DES LOIS) où, pour ainsi dire, la raison est toute réduite en éclairs,

Urit enim fulgore suo qui prœgravat artes.
Infrà se positas. . . . .
(*Horat. Ep.* I. *Lib.* I.)

« *Le mérite qui s'élève au-dessus des talens vulgaires, blesse les yeux par son éclat.* »

(40) DÉFINITION PHILOSOPHIQUE
du Gouvernement monarchique.

Regia potestas est gentis unius quasi domestica quœdam gubernatio. »   (*Aristot. Polit.* 2.)

DIEU *a établi les Rois pour gouverner et tenir sa place comme un père de famille, pour imiter et représenter par l'unité du Gouvernement celui de la Providence.* »

(*Domat. Droit public. Tit.* 2. *du Gouvern.*)

les Ordres, enfans de la même famille, environnent leur père. » (41)   (*Mandat. Château-Thierry. etc....*)

» *Dans la monarchie, le Souverain est la Nation jointe au Monarque et présidée par lui. »* (42)   (*Mandat. Bugey. etc......*)

---

(41). CONSÉCRATION PHILOSOPHIQUE du caractère auguste et sacré de père de tous leurs sujets, attribué par la Nation française à son bienfaisant monarque.

« Nommer un Roi, père du peuple est moins faire son éloge, que l'appeler par son nom, ou faire sa définition. »
(*De la Bruyère.*)

UN ROI peut être comparé à un Père, on peut réciproquement comparer un Père à un Roi, et déterminer ainsi les devoirs du Monarque par ceux du Père de famille, et les obligations d'un Père par celles du Souverain.

Aimer, gouverner, récompenser et punir, voilà tout ce qu'ont à faire un Père et un Roi. Le Père et le Roi sont l'un et l'autre des images vivantes DE DIEU, dont l'empire est fondé sur l'amour. LA NATURE a fait les Pères pour l'avantage des enfans; LA POLICE a fait les Rois pour la félicité des Peuples. De même que l'homme, dans son enfance ignore ses véritables intérêts, et ne sçauroit pourvoir lui-même à son bonheur et à sa santé, ainsi le peuple, aveugle, téméraire et turbulent, ne forme, quand il est sans chef, que des projets vains et bizarres, n'a que des vues confuses, ne sçait ce qu'il doit vouloir, ni ce qu'il doit aimer ou craindre; et quelques mesures qu'il prenne, il n'en prend jamais guères aucune qui ne tourne à sa ruine. Il faut donc nécessairement un chef dans une famille et dans un état, comme il faut au faîte d'une voûte une pierre principale qui, dominant sur toutes les autres, termine le centre et en affermisse l'assemblage.

(42) UNITÉ PRÉCIEUSE, *qui rend aux yeux des vrais sages,* notre genre de gouvernement si respectable, et qui fait de NOS ROIS L'IMAGE DE DIEU SUR LA TERRE!

Les Français sont tous les membres d'une même famille; ils sont tous un peuple de frères, SOUS L'AUTORITÉ D'UN PÈRE COMMUN. C'est *cette autorité sainte* qui les unit entre eux, en les unissant à LEUR CHEF; et dans cette union si belle, leur amour pour la Patrie s'identifie avec celui qu'ils ont pour LE MONARQUE.

LES TROIS ORDRES DE LA NATION FRAN-
ÇAISE ayant unanimement et impérativement rendu
les décrets constitutifs, fondamentaux, sacrés et
inviolables ci-dessus transcrits, concernant :

1°. *L'inviolabilité de l'antique et régulière
Constitution de la France.*

2°. *Le maintien salutaire du Gouvernement
purement monarchique, absolu, juste et paternel de la France.*

CE CODE DE LÉGISLATION FRANÇAISE, étoit
purement et simplement *la tâche patriotique-
législative-constitutive,* qu'avoient uniquement à
remplir les Députés et Mandataires respectifs
desdits trois Ordres de la Nation française, aux
États-Généraux de 1789; *mais néanmoins sans
aucunement détruire ou altérer l'essence du
Gouvernement purement Monachique, absolu,
juste et paternel de la France;* ainsi que les
trois Ordres, leurs commettans respectifs, la leur
avoient prescrite aussi judicieusement que très-
sagement, *par cet autre manifeste patriotique,
suivant.*

MANIFESTE PATRIOTIQUE

TRACÉ UNANIMEMENT, IMPÉRATIVEMENT,

PAR LES TROIS ORDRES

DE LA NATION FRANÇAISE.

A leurs Députés et Mandataires, respectifs, aux
États-Généraux de 1789, pour, par l'anéantissement salutaire des abus, mais néanmoins sans
aucunement détruire ou altérer l'essence du Gouvernement purement monarchique, absolu, juste
et paternel de la France, parvenir infailliblement
à établir imperturbablement sous tous leurs
rapports, la félicité et la prospérité nationale.

Nunquam

« *Nunquam aliud* NATURA, *aliud* SAPIENTIA *dicit.* »
(*Juvénal.*)

RAISON, ta voix conduit une ame saine et pure;
Et ta voix suit toujours LE CRI DE LA NATURE.

« *Que tous les principes qui jusqu'ici ont*
servi de fondemens à la constitution française,
soient maintenus et conservés; et que par con-
séquent il ne soit introduit aucune innovation
qui tende à détruire ou à altérer l'essence d'un
gouvernement monarchique, tel que le nôtre,
et que l'on ne propose d'autres changemens que
ceux qui seroient nécessaires pour empêcher les
abus, assurer de plus en plus la propriété et
la liberté individuelle, (43) *et faire en sorte*

---

(43) ANARCHIE
résultante infailliblement du prétexte spécieux et séducteur de
la Liberté, allégué criminellement par tous les fauteurs, pro-
pagateurs et sectaires pernicieux des révolutions.

« *Ut evertant imperium, libertatem præferunt; si impe-*
raverint, ipsam aggrediantur. »
(*Tacit.*)

PARAPHRASE PHILOSOPHIQUE
de ce judicieux et profond sentiment.

(*Leur âpre austérité, que rien ne peut gagner,*
N'est dans ces cœurs hautains que la soif de régner :
Leur orgueil foule aux pieds l'orgueil du diadême;
Ils ont brisé le joug pour l'imposer eux-mêmes.
De notre liberté ces illustres vengeurs,
Armés pour la défendre, en sont les oppresseurs.
Sous les noms séduisans de patrons et de pères,
Ils affectent des Rois les démarches altières.
Rome a changé de fers, et sous le joug des grands,
Pour un Roi qu'elle avoit, a trouvé cent tyrans.
(*Voltaire.*)

Le peuple ajoute plus de foi aux paroles qu'aux actions, il
ne juge du bien et du mal que par les fausses idées que lui
en donnent ceux qui ne lui parlent de LA LIBERTÉ que pour
le rendre plus docile à se laisser mener à LA SERVITUDE.

« *Quia apud eum verba plurimum valent, bonaque ac mala*

G

que les impôts n'excèdent ni les besoins de l'E-
tat, ni les facultés des contribuables. » (44)

(*Mandat. Laon. etc.....*)

---

non suâ naturâ, sed vocibus seditiosorum æstimantur, liber-
tas et speciosa nomina prœtexuntur.

(*Tacit. Hist. Lib.* 4.)

LE NOM DE LIBERTÉ qu'on fait sonner à ses oreilles pour
l'animer *est un nom équivoque* dont les factieux abusèrent toujours. Ils appellent AMOUR DE LA LIBERTÉ ce qu'il faut appeler *esprit d'orgueil et d'indépendance, mécontentement*
particulier, vues d'intérêt personnel.

Les chefs des guerres civiles songent moins à briser un joug
injuste qu'à l'imposer eux-mêmes.

« *Hœc Natura multitudinis est, aut servit humiliter, aut*
superbè dominatur. Libertatem quæ media est, nec sper-
nere modicè, nec habere sciunt. »

(*Tit.-Liv. Décad.* 3. *Lib.* 1.)

« *Nec totam servitutem pati possunt, nec totam liber-*
tatem. » (*Tacit. Hist. Lib.* 1.)

(44) INSTRUCTION PHILOSOPHIQUE
relative au respect sacré et inviolable, dû à la propriété, par
les Souverains.

« *Ditionis, non proprietatis, tuitionis, non destructionis,*
omnia regitis, sed suum cuique servatis. »

(*Symmachus. aux Princes. X. Ep.* 54.)

Rien de plus beau, rien de plus instructif dans la bouche
d'un prince, que ce qu'a dit à ce sujet M. LE DAUPHIN, père de
LOUIS XVI.

« *Toute imposition sur les peuples est injuste, lorsque*
le bien général de la société ne l'exige pas. . . . .

« *Un Etat doit périr nécessairement, lorsque les revenus*
ne sont pas administrés avec la plus exacte et la plus
prudente économie. . . . .

« LE MONARQUE N'EST QUE L'ÉCONOME DES REVENUS
DE L'ETAT. »

RÉFLEXION PHILOSOPHIQUE
bien concordante avec l'esprit de cette royale et paternelle
morale politique-économique.

« *Il n'y a,* (*dit Villaret, tom.* 16) *qu'une longue*

« *Respectons notre Constitution :* (45) *un Roi citoyen nous invite à venir y prendre nos rangs et à y travailler à la réforme des abus ; et voilà notre tâche. Que les députés de la Noblesse s'y livrent, dépouillés de tous intérêts personnels. Notre reconnoissance sera mesurée sur le bien général que la Nation entière recueillera, et jamais sur les avantages particu-*

---

jouissance d'un bonheur paisible, qui puisse faire oublier aux particuliers, que, pour jouir sûrement, il faut que chacun d'eux contribue, selon ses facultés, au rempart qui garantit la propriété. Tous doivent porter une partie de cette charge. Il est honteux de chercher à s'en affranchir. . . . . Rien de plus juste qu'un subside modéré dans lequel réside la force nationale ; il ne peut y avoir de vice que dans l'excès ou l'inégalité de la répartition. »

(45) Manifeste national. Concernant la constitution de la monarchie régulière et paternelle de France ; tracé unanimement et impérativement par les trois Ordres de la Nation française.

« La Constitution de l'État résulte des Lois fondamentales *qui fixent les droits respectifs du Roi et de la Nation, auxquelles il ne peut jamais être dérogé ;*

Savoir :

1°. *Que le Gouvernement français est purement monarchique.*

2°. *Que la personne du Roi est sacrée et inviolable.*

3°. *Que la couronne est héréditaire de mâle en mâle, suivant l'ordre de primogéniture et de proximité.*

4°. *Que la Religion catholique, apostolique et romaine, est la seule qui puisse avoir un culte public et extérieur en France.*

5°. *Que la Nation est composée de trois Ordres, le Clergé, la Noblesse et le Tiers ; lesdits Ordres distincts et respectivement libres, de manière qu'aucun ne puisse être lié par l'opinion conforme des deux autres.*

6°. *Et que les propriétés des corps et des particuliers sont sacrées et inviolables, ainsi que la liberté.* »

(*Mandat. Prévôté et Vicomté de Paris. etc.*......)

liers que pourroit en retirer notre Ordre. » (46)
(*Mandat. Clermont-Ferrant. etc....*)

« *Il s'agit moins de changer ou de créer la
Constitution, que de déraciner les abus qui la
minent sourdement, moins de fomenter de dan-
gereuses innovations, en établissant de nouveaux principes, que de respecter ceux qui sont
anciennement établis, dont l'expérience a con-
firmé la bonté, et auxquels l'Etat doit sa splendeur et sa prospérité depuis son origine.* » (47)
(*Mandat. Bugey. etc.....*)

Les Députés et Mandataires, respectifs, des trois
Ordres de la Nation française, (*composant fondamentalement, constitutionnellement et librement les Etats-Généraux de la Monarchie ré-*

---

(46) Quel mandat patriotique! quel décret fraternel de la
part de l'Ordre illustre, magnanime et généreux de la Noblesse
française! . . . .

    Nobilitas sola atque unica virtus.
                    (*Juvénal.*)

 La Noblesse est née de la vertu. ».

« *La gloire et l'honneur sont pour* CETTE NOBLESSE
*qui ne connoît, qui ne voit, qui ne sent de vrai bien que
l'honneur et la gloire.* »
        (*Esprit des Lois. Liv.* 13. *Chap.* 20.)

(47)   M A X I M E.
. . . . *Hoc est.*
Vivere bis, vitâ posse priore frui.   (*Martial.*)

*Qu'au sage le passé laisse un doux sentiment!
Sentir qu'on vécut bien, c'est vivre doublement.*

    A P O L O G I E P H I L O S O P H I Q U E
de la Législation française, par le grand Montesquieu.

« *Si depuis deux ou trois siècles,* LA FRANCE *a augmenté
sans cesse sa puissance, il faut attribuer cela* A LA BONTÉ
DE SES LOIS, *non pas à la fortune qui n'a pas ces sortes
de constance.* »
        (*Esprit des Lois. Liv.* 20. *Chap.* 22.)

gulière et paternelle de France.) (48·)

Lesdits Députés et Mandataires, respectifs, n'é-
tant que *les fondés de pouvoirs* des trois Ordres
de la Nation Française, leurs commettans respec--

---

(48) MANIFESTE NATIONAL.
Concernant la Constitution fodamentale des Etats-Généraux de
la Monarchie régulière et paternelle de France; tracé unanimement et impérativement par les trois Ordres de la Nation française.

« *C'est le droit antique et constitutionnel de chacun des
trois Ordres, soit dans les assemblées provisoires à celles des
Etats-Généraux, soit dans l'assemblée des Etats-Généraux
eux-mêmes, de délibérer et d'opiner séparément les uns des
autres, et de former, à la pluralité de leur voix, chacun
leur vœu distinct et séparé.* »

(*Mandat. Dijon. etc. . . . . .*)

« *La diversité des classes, et par conséquent des intérêts,
regardée comme utile par les premiers législateurs de la
Grèce, est nécessaire dans la monarchie : c'est donc une
constitution très-sage que celle qui assure à chaque classe
et* AU MONARQUE, *un droit négatif propre à la conserver.* »

« *Chaque Ordre doit délibérer habituellement à part, pour
que cette disposition ne soit pas illusoire.* »

« *Telle est aussi la constitution française, clairement expliquée dans des lois précises, fruits de la sagesse des Etats-
Généraux, confirmées par les Ordonnances de* 1355, 1356,
d'Orléans, article 135, *et l'usage constant de près de cinq
siècles, espace immense, pendant la durée duquel on ne
compte que trois exceptions motivées par des circonstances
particulières.* »

« *La bonté de cet usage est confirmée par l'expérience
constante de tous les siècles, qui prouve qu'une grande multitude sans ordre, a toujours été menée par les brigues de
quelques intrigans fâcheux, et que les délibérations ont
été sujettes à la même instabilité que les volontés arbitraires d'un seul homme.* »

(*Mandat. Bugey. etc. etc. . . . . . .*)

« *Il sera établi par les Etats-Généraux à venir, une
Constitution et une organisation complettes, régulières, de
manière que les Députés soient également, librement, universellement élus, et exclusivement dans leur Ordre, sans*

tifs, (49) *vis-à-vis desquels ils en sont responsa-*
bles ; (50) lesdits Députés et Mandataires devoient,

---

que, pour les élections, aucun citoyen puisse se faire re-
présenter par procuration, et sans qu'il y ait entre les
citoyens et les représentans plus d'un seul degré intermé-
diaire, celui des électeurs. »

   (*Mandat. Ordre du Tiers-Etat. Paris, hors les murs. etc....*)

   « *Les Députés ne pourront élire ni être élus que dans*
leurs Ordres respectifs. »

   (*Mandat. Ordre du Tiers-Etats. Gien. etc. . . . . . .*)

   « *Que tous les Députés de l'ordre du Tiers-Etat, soient*
librement élus par leurs Pairs, sans qu'aucun Noble ou
annobli puisse être électeur ni éligible ; les habitans des
villes et des campagnes concourrant, dans leurs districts à
l'élection des Députés du Tiers-Etat. »

   (*Mandat. Ordre du Tiers-Etat. Vannes. etc. . . . . .*)

(49)   DÉCRETS NATIONAUX
Constatant que les députés et mandataires, respectifs, des trois
   Ordres de la Nation française, ne sont que les fondés de
   pouvoirs desdits trois Ordres, leurs commettans respectifs.

   « *Les Députés demanderont que les pouvoirs de chacun*
de ses membres soient reconnus et vérifiés, afin que rien
ne puisse altérer la certitude qu'ils doivent avoir de n'être
environnés que DE VRAIS *et* FIDÈLES REPRÉSENTANS *de*
la Nation ».

   (*Mandat. Ordre du Tiers-Etat. Pon-tà-Mousson. etc........*)

   « *Le pouvoir des Députés ne pourra, dans aucun cas,*
s'étendre, au-delà d'une année, à compter de l'ouverture
des Etats-Généraux, pour lesquels ils auront été élus ; et
ce tems expiré, leur mandat cessera de droit. »

         (*Mandat. Lyon, etc. . . . .*)

(50)   DÉCRETS NATIONAUX.
Concernant la reponsabilité des députés et mandataires, respec-
   tifs, aux Etats-Généraux, vis-à-vis des trois Ordres de la
   Nation française, leurs commettans respectifs.

   « *Que la personne des Députés soit sacrée, et qu'ils ne*
soient RESPONSABLES QU'A DIEU *et* A LEURS COMMET-
TANS *de leurs opinions, de leurs paroles, et de leurs écrits.* «

   (*Mandat. Péronne. Mont-Didier. Dourdan. Lyon. etc.....*)

   « *Les trois Ordres se rendront, à cet effet, réciproque-*
ment garants pour leurs membres respectifs ; et en cas de

d'après leur acceptation de ces mêmes pouvoirs, en suivre aussi religieusement que très-scrupuleusement et littéralement toute la teneur; (51) ou en cas d'insuffisance d'iceux, prendre l'avis de leurs commettans respectifs, sur tous les points qui n'auroient pas été prévus dans ces mêmes pouvoirs : (52) ils devoient se pénétrer de l'esprit fraternel

---

délits commis par quelqu'un d'eux, les Etats-Généraux auront seuls le droit d'en prendre connoissance, et de renvoyer le coupable aux juges ordinaires. »

« *Aucun Député aux Etats-Généraux ne sera comptable au pouvoir exécutif, avant, ou durant, ou après sa mission, d'aucune parole, d'aucun écrit, soit à la main, soit imprimé; d'aucune démarche relative aux affaires publiques : sauf la police intérieure et correctionnelle qui sera exercée par les Etats-Généraux sur les Députés.* »

(*Mandat. Rennes. etc.* . . . .)

« *Que les Députés demandent qu'*ON RÈGLE CONSTITUTIONNELLEMENT, *les moyens à employer dans le cas où le mécontentement d'un Député engageroit ses commettans à lui retirer ses pouvoirs.* »

(*Mandat. Provins et Montereau. etc.* . . . . . .)

(51)   P R I N C I P E.

Digne de l'éternelle sagesse, conservateur de nos libertés.

« *Si procurator officium Mandati egressus est, id quod gessit nullum Domino præjudicium facere potuit.* »

(*Leg. X. Cod. de Procurat.*)

CONSÉCRATION NATIONALE
de ce principe.

« *La sénéchaussée déclare que si son représentant, sans avoir égard aux clauses expresses, consignées dans son mandat, prenoit sur lui de concourir à l'octroi des subsides, elle le désavoue formellement, et le déclare dès-à-présent déchu de son pouvoir, incapable de la lier par son consentement et à jamais indigne de sa confiance.* »

(*Mandat. Rhodèz. Bourbonnois. Dauphiné.*
Haut-Vivarais. etc. . . . . .)

(52)   CONSÉCRATION NATIONALE
de cette salutaire et bien précieuse morale politique, législative-
constitutive.

« *Comme il est possible qu'il survienne, pendant l'as-*

et patriotique, qui avoit dicté à leurs commettans respectifs tous ces mêmes pouvoirs, pour, en conséquence, motiver leurs délibérations nationales *avec la circonspection patriotique qu'ils leur avoient unanimement et impérativement prescrite*, de la manière suivante :

CIRCONSPECTION PATRIOTIQUE

PRESCRITE UNANIMEMENT, IMPÉRATIVEMENT,

PAR LES TROIS ORDRES

DE LA NATION FRANÇAISE.

A leurs Députés et Mandataires, respectifs, aux Etats-Généraux de 1789, à l'effet de les diriger infailliblement dans leur belle et brillante carrière politique, et leur mission nationale, fraternelle et patriotique.

> *Nunquam aliud NATURA, aliud SAPIENTIA dicit.*
> (*Juvénal.*)

RAISON, ta voix conduit une ame saine et pure ;
Et ta voix suit toujours LE CRI DE LA NATURE.

1o. PAR L'ORDRE DU CLERGÉ.

« *LE CLERGÉ recommande à ses Députés de se tenir en garde contre les insinuations frauduleuses et contre la vivacité pétulante qui, en présentant l'appât du plus grand bien, en-*

---

semblée , des objets importans de délibérations, sur lesquels les Députés n'auroient pas d'instructions de leurs commettans , il sera établi dans la sénéchaussée une commission intermédiaire, qui subsistera seulement pendant la tenue des Etats-Généraux, et avec laquelle les Députés seront tenus d'entretenir une correspondance suivie, et ils prendront son avis sur les points qui n'auront pas été prévus. Cette commission sera composée de douze personnes choisies dans les six districts, en la même forme que les députés ; ce qui sera exécuté SOUS LE BON PLAISIR DU ROI, *à la prochaine assemblée.* »

(*Mandat. Ordre du Tiers-Etat. Bigorre....*)

traînent

traînent quelquefois dans des partis extrêmes ;
de montrer et d'inspirer, dans toutes les oc-
casions, l'impartialité, la douceur, l'esprit
de paix et de conciliation qui conviennent à
ses Représentans ; de seconder avec empresse-
ment tous les projets et tous les efforts tendant
au soulagement du peuple ; (53) de porter au
fond du cœur et de témoigner en toutes cir-
constances l'amour le plus sincère et le plus
respectueux pour la personne sacrée de Sa Ma-
jesté, (54) un zèle ardent pour la religion, (55)

---

(53)　　　M A X I M E.

« LA RELIGION A POUR PIÉDESTAL L'HUMANITÉ. »
(*Le Pape Clément XIV.*)

Voir à ce sujet, *la note quatorzième de cet avant-propos,*
démonstrative de la vérité consolante de cette maxime.

(54)　　A X I O M E　　P O L I T I Q U E.

Un Roi pour ses sujets est un Dieu qu'on révère.
Un Prêtre quelqu'il soit, quelque Dieu qui l'inspire,
Doit prier pour ses Rois, et non pas les maudire.
(*Voltaire.*)

(55)　ZÈLE ARDENT POUR LA RELIGION.
Consacré par l'applaudissement et l'éloge de tous les siècles.

Il y avoit douze ans que JEAN HENNUYER, EVÈQUE de
Lizieux, docteur de Paris, confesseur DU ROI, HENRI II,
gouvernoit son diocèse, en instruisant son peuple, et le confir-
mant en la foi par la solidité de sa doctrine, et en l'édifiant
par les beaux exemples qu'il lui donnoit en toutes sortes de
vertus chrétiennes, lorsque LE LIEUTENANT DE ROI de
cette province lui vint communiquer les ordres rigoureux qu'il
avoit reçus.

« *Non, non, Monsieur, lui dit* LE SAINT EVÈQUE, *je*
m'oppose et m'opposerai toujours à l'exécution de pareils
ordres, à quoi je ne puis consentir. Je suis LE PASTEUR
DE L'EGLISE DE LIZIEUX, *et les gens que vous dites qu'on*
vous commande de punir sont mes ouailles. Quoiqu'elles
soient maintenant égarées, étant sorties DE LA BERGERIE
DONT JÉSUS-CHRIST, LE SOUVERAIN PASTEUR, *m'a con-*
fié la garde, elles peuvent néanmoins y revenir, et je ne

H

et de se joindre hautement à ceux qui pro-
fessent ces sentimens. » (56)

---

perds pas l'espérance de les y faire un jour rentrer. Je ne
vois pas DANS L'EVANGILE que LE PASTEUR doive souf-
frir qu'on répande le sang de ses brebis : au contraire, j'y
trouve qu'il est obligé de verser son sang, et de donner sa
vie pour elles. Retournez-vous-en donc avec ces ordres
qu'on n'exécutera jamais, tandis que DIEU me conservera
la vie qu'il ne m'a donnée que pour l'employer AU BIEN
SPIRITUEL et MÊME TEMPOREL de mon troupeau. »

Mais repliqua LE LIEUTENANT DE ROI, il faut donc que
pour ma décharge envers le Roi, vous me donniez par écrit le
refus que vous faites de me laisser agir selon ses ordres.

« Très-volontiers, dit LE SAINT PRÉLAT, je connois
LA BONTÉ DU ROI, et je ne doute nullement que je n'en
sois bien avoué : en tout cas, je me charge de tout le mal
qui peut en arriver, dont je vous garantis. »
(*« TIMOR DOMINI........ EXALTANS ANIMAM. »*
» Eccles. 34.)

Là-dessus il lui donne un acte authentique de sa réponse et
de son opposition signé de sa main pour le porter AU ROI,
qui en effet ne passa plus outre, et laissa LE SAINT EVÊQUE
et tout son troupeau de Lizieux en repos.

(*Et le Prince éclairé, que la Raison domine,*
Est un vivant portrait de l'essence divine.

» Voltaire. »)

FRANÇAIS,

Quoi ! Parce qu'un fripon vous dupe avec audace,
Sous le pompeux éclat d'une austère grimace,
Vous voulez que par-tout on soit fait comme lui,
Et qu'aucun vrai dévôt ne subsiste aujourd'hui ?
Laissez aux libertins ces sottes conséquences :
Démêlez la vertu d'avec ses apparences :
Ne hasardez jamais votre estime trop tôt,
Et soyez pour cela dans le milieu qu'il faut.
Gardez-vous, s'il se peut, d'honorer l'imposture ;
Mais AU VRAI ZÈLE aussi n'allez pas faire injure.

(*Molière. Le Tartuffe.*)

(56)   M A X I M E.
« LA RELIGION EST LA VRAIE PHILOSOPHIE. »
(*M. le Chancelier d'Aguesseau, tom.* 1er *de ses Œuvres.*
Instruction 2.)
Que la Nation française étoit bien pénétrée que la Religion

(*Mandat. Montargis. Rennes. Paris. Alençon. Douay et Orchies. Briey. Melun et Moret. Prévôté et Vicomté de Paris. Limoges Mantes. et Meulan. Metz. Saumur. etc.*.........)

« *On demandera que la Nation conserve inviolablement sa religion nationale, devant seule avoir l'exercice public de son culte, laquelle elle reconnoît et veut être la religion chrétienne, selon la foi catholique, apostolique et romaine; si ce n'est pour des villes qui ont des capitulations à ce sujet.* » (57)

(*Mandat. Paris. Dijon. Rennes. etc*.........)

---

est la vraie philosophie, lorsqu'elle a unanimement et religieusement tracé le décret suivant :

« *La Religion catholique, apostolique et romaine, la seule vraie, la seule Religion de l'Etat, dont les principes sont si intimément liés au maintien de l'autorité et au bonheur des peuples, sera conservée dans toute son intégrité, et à elle seule appartiendra l'exercice du culte public et extérieur, à l'exclusion de toute autre.* »

(*Mandat. Paris. etc*.....)

(57) R E S P E C T

pour les usages, conventions, traités et capitulations, tracé unanimement par les trois Ordres de la Nation française, soumis néanmoins à la sagesse éclairée du Roi.

« *Les Etats-Généraux statueront sur une composition d'Etats-provinciaux, dans la forme qu'ils jugeront la plus propre à la bonne administration des provinces et localités, EN RESPECTANT et COMBINANT AVEC LE BIEN GÉNÉRAL, LES USAGES, LES CONVENTIONS, TRAITÉS et CAPITULATIONS au moyen desquels les diverses parties du royaume se trouvent réunies à l'Empire français : C'EST A LA SAGESSE ÉCLAIRÉE DU ROI ASSISTÉ DES ETATS-GÉNÉRAUX, à donner aux provinces de l'ancien domaine, une constitution tellement organisée, que les autres provinces desirent elles-mêmes d'en adopter le régime, et qu'on parvienne ainsi à n'avoir dans le royaume QU'UNE ADMINISTRATION UNIFORME pour toutes ses parties.* »

(*Mandat. Melun et Moret. etc*......)

« *Les Etats-Généraux se doivent à eux-mêmes, ils doi-*

H 2

« *Le premier devoir qu'auront à remplir les
Députés de l'ordre du Clergé, sera de porter
au pied du trône, l'hommage du respect, de
la reconnoissance et de la fidélité dont tous ses
membres sont pénétrés, pour le meilleur des
des Rois.* »

(*Mandat. Lyon. etc.........*)

---

*vent A LA NATION et A L'EUROPE ENTIÈRE, DE DON-
NER L'EXEMPLE DU RESPECT LE PLUS INVIOLABLE
pour tous les droits appuyés sur l'autorité des lois, sur la
foi des traités pour toutes les propriétés ; en conséquence
les Députés de la présente assemblée requerront* :

« *Que LES DROITS, LES COUTUMES, LES CONTRATS
et CAPITULATIONS de chaque province SOIENT RESPEC-
TÉS, sauf à demander AU NOM DE LA JUSTICE, à obtenir par la voie de la confiance et de la persuasion, de
chacune de ces provinces, l'abolition volontaire de ceux de
leurs droits qui pourroient être nuisibles au bien commun,
à l'harmonie du tout et à l'intérêt général.* »

(*Mandat. Alençon. etc. . . . .*)

« IL NE POURRA ÊTRE PORTÉ ATTEINTE AUX LOIS
LOCALES, *ni* AUX TRAITÉS, CAPITULATIONS, *sous la
condition et la foi desquels différens pays ont été unis au
royaume, que* DU CONSENTEMENT EXPRÈS DES TROIS
ORDRES *desdits pays.* »

(*Mandat. Douai et Orchies. etc. . . . . .*)

« *Que les Etats-Généraux* CONFIRMENT *et* EXÉCUTENT
LES CAPITULATIONS *et* LES TRAITÉS *qui unissent les
provinces à la Couronne.* »

(*Mandat. Briey. etc. . . . .*)

Quelle sagesse! quelle politique sublime dans toutes les dispositions équitables de ces mandats patriotiques! . . . . .

» *Virtute politicâ præstantiorem nullam homo assequitur.* «
(*Plutarq. in Catone majore.*)

« *Ars regia. Ars ad animam pertinens.* » (*Platon.*)

La bonne politique n'est point distinguée de l'excellente morale.

CONSÉCRATION PHILOSOPHIQUE
par le grand Montesquieu, de cette salutaire et bien précieuse
morale nationale, législative-constitutive.

» LE MONARQUE *qui connoît chacune de ses provinces,*

2°. PAR L'ORDRE DE LA NOBLESSE.

« *LES CITOYENS NOBLES après avoir arrêté* impérativement (58) *les bases sur lesquelles ils désirent que soit établie la Constitution; après avoir rassemblé dans leurs instructions les demandes les plus importantes qu'ils croyent devoir soumettre à l'Assemblée nationale; sûrs de la fidélité de leurs Députés, et n'ayant rien à leur prescrire à cet égard, leur recommandent de modérer leur zèle pour le rendre plus fructueux, et de ne pas compromettre le bien en voulant le faire trop précipitamment.* (59)

---

peut établir diverses lois et souffrir différentes coutumes ; mais LE DESPOTE *ne connoît rien et ne peut avoir d'attention sur rien. Il lui faut une allure générale ; il gouverne par une volonté rigide qui est par-tout la même ; tout s'applanit sous ses pieds.* »

(*Esprit des Lois. Liv.* 6. *Chap.* Ier.)

(58)   M A X I M E.

Ce n'est qu'entre l'intelligence infinie et la justice suprême que doit être placée la toute-puissance; dans toute autre main, elle seroit pour une nation le plus terrible des fléaux, la source de tous les autres. Toute autorité dérive d'une source.

(59)   M A X I M E.

Une sage politique qui tend au bonheur des hommes, pose avec lenteur les fondemens de ses desseins, les éprouve et les rassure encore. Le tems et les précautions les rendent inébranlables.

DÉCRET NATIONAL.
Consacrant cette maxime.

« *Toute délibération des États-Généraux, concernant la législation et les finances, sera rédigée en forme de loi* AU NOM DU ROI ET DES ÉTATS-GÉNÉRAUX : *aussi-tôt qu'elle sera arrêtée, elle sera rendue publique par la voie de l'impression, et délibérée encore deux fois dans l'assemblée, savoir : quinze jours après la première publication, et après la quinzaine suivante.* CETTE TRIPLE DÉLIBÉRATION *aura lieu également pour les lois qui seront proposées par* LE ROI. »

(*Mandat. Rennes. Paris. Montfort-Lamaury. Clermont-Ferrand. etc.* . . . .)

Qu'ils respectent tous les principes ; (60) qu'ils concitient tous les devoirs ; qu'ils songent que les vues les plus pures ont besoin d'être secondées par des mesures sages ; (61) et que le désir séduisant de réparer de longs désordres, et de créer la félicité générale, ne les entraîne pas à vouloir trop de changemens à la fois, et à ébranler l'édifice social, sans être encore assurés, ni des moyens, ni de l'opinion générale, nécessaires au succès de toutes leurs opérarations. (62)

(Mandat. Paris. Bourbonnois. Alençon.

---

(60)　　　　　M A X I M E.

C'est par les principes qu'il faut détruire les abus.

Les principes sont les choses naturelles qu'on ne peut changer, et sur lesquelles on doit par conséquent accommoder les choses d'institution.

Les vrais principes en tout genre sont ceux que dicte la nature des choses, que saisit le plus universellement le sens commun.

(61)　C O N S É C R A T I O N　P H I L O S O P H I Q U E
de cette circonspecte morale politique-législative.

La vertu sans prudence, hélas est dangereuse.
　　　　　　　　　　　　(Voltaire.)

« *Les plus grands esprits sont plus dangereux qu'utiles au maniement des affaires ; s'ils n'ont beaucoup plus de plomb que de vif-argent, ils ne valent rien pour l'État.* »
　　　　(*Testament politique du Cardinal de Richelieu,*
　　　　　　　2ᵉ partie. chap. Iᵉʳ. sect. 2.)

Le croiroit-on? le propre des génies foibles est d'outrer tout en bien ou en mal, en force et en foiblesse, parce que faute de lumière, ils ne voyent ni les principes, ni les bornes, ni les conséquences de rien, et que faute de courage d'esprit, ils se laissent entraîner par toutes les circonstances, souvent par toutes les passions, *mêmes étrangères*, et presque toujours par les apparences plus que par la réalité.

(62)　C O N S É C R A T I O N　P H I L O S O P H I Q U E
de cette circonspecte morale politique-législative.

« *Dans un temps d'ignorance, on n'a aucun doute, même*

*Lyon. Clermont-Ferrand. Cotentin. Laon. Con-
dom. Clermont-en-Beauvoisis. Guyenne. Château - Thierry. Metz. Dauphiné. Melun et
Moret. etc........)*

« *Députés de la Noblesse, nous vous recom-
mandons expressément de porter au pied du
Trône, l'assurance de notre fidélité, de notre
reconnoissance, de notre amour et de notre
profond respect pour Sa Majesté.* »

(*Mandat. Bourbonnois. etc......*)

---

*lorsqu'on fait les plus grands maux ; dans un temps de
lumières, on tremble encore lorsqu'on fait les plus grands
biens. On sent les abus anciens, on en voit la correction ;
mais on voit les abus de la correction même. On laisse le
mal si on craint le pire. On laisse le bien si on est en
doute du mieux. On ne regarde les parties que pour juger
du tout ensemble. On examine toutes les causes, pour voir
tous les résultats.* »

(*Préface de l'Esprit des Lois.*)

« *LA SCIENCE DU GOUVERNEMENT ne contient pas
des vérités isolées, ou plutôt elle n'a pas un seul principe
qui ne tienne à toutes les branches de l'administration.
L'Etat est une machine très-compliquée qu'on ne peut
monter et faire agir sans en connoître toutes les pièces. On
n'en sçauroit presser ou relâcher une seule, que toutes les
autres n'en soyent dérangées. Tout projet utile pour une
classe de citoyens, ou pour un moment de crise, peut devenir funeste à toute la Nation, et nuisible pour un long
avenir* »

« *Détruisez ou dénaturez un grand corps, ces mouvemens convulsifs qu'on appelle coups d'Etat, agiteront la
masse nationale qui s'en ressentira peut-être durant des
siècles. Toutes les innovations doivent être insensibles,
naître du besoin, être inspirées par une sorte de cri public,
ou du moins s'accorder avec le bien général.* »

« *Anéantir ou créer tout-à-coup, c'est empirer le mal,
corrompre le bien. Agir sans consulter la volonté générale,
sans recueillir, pour ainsi dire, la pluralité des suffrages
dans l'opinion publique, c'est aliéner les cœurs et les esprits,
tout décréditer, même le bon et l'honnête.* »

(*G. T. Raynal. Hist. Philos. Polit.*)

3°. Par l'Ordre du Tiers-État.

« *Le Tiers-État exige que ses Députés se persuadent qu'ils ne trouveront la paix que dans l'union ;* (63) *qu'autant l'esprit divise les opinions, autant le sentiment les rapproche ; qu'une discussion aigre, parvient rarement à son but, tandis que la douce persuasion ne le manque presque jamais.* » (64)

---

(63) **Maxime** bien concordante avec cette fraternelle et circonspecte morale politique.

« *Concordiâ parvæ res crescunt, discordiâ maximæ dilabuntur.* »
(*Sallust.*)

« *La paix, l'union et la concorde font que les plus petites choses deviennent grandes et considérables, au lieu que la guerre, la désunion, les querelles, ruinent et anéantissent ce qu'il y a de plus noble et de plus élevé.*

> *Un État divisé fut toujours malheureux ;*
> *De sa liberté vaine il vante le prestige ;*
> *Dans son illusion, sa misère l'afflige ;*
> *Sans forces, sans projets, pour la gloire entrepris,*
> *De l'Europe étonnée il devient le mépris.*
> *Qu'un Roi ferme et prudent prenne en ses mains les rênes,*
> *Le Peuple avec plaisir reçoit ses douces chaines.*
> *Tout change, tout renaît, tout s'anime à sa voix.*
> *On marche alors sans crainte aux pénibles exploits.*

(*Voltaire.*)

(64) **Accord parfait** de la vraie et saine philosophie avec cette fraternelle et circonspecte morale politique.

Ne peut-on être vertueux sans fuir, sans maudire la société de son espèce ? C'est ce qui en épure les liens qu'il faut enseigner, et non ce qui les détruit.

Voilà comme il est glorieux de travailler ; comme on doit faire parler la vertu.

Instruisez et n'humiliez pas.

Les vrais sages sont d'une complexion plus heureuse : ils ont abondance de cette humeur douce et chaude, de ce sang bénin rectifié qui fait la joie.

La vraie philosophie ne doit point être sévère : qu'elle se

« Le

« LE TIERS-ETAT *exige de ses Députés qu'ils se souviennent qu'ils ne sont pas envoyés* vers des ennemis *dont ils doivent braver l'audace et l'orgueil,* mais vers de bons citoyens *avec lesquels ils vont traiter du bonheur et de la paix de la Nation.* » (65)

---

montre parée de fleurs, les délices l'accompagneront en tous les tems, elles la suivront ou la précéderont. Ainsi bien loin de songer à détruire les passions, on les regardera comme un don précieux du Créateur. Plus nous en avons, plus l'ame qui les possède est puissante : elles font son opulence et sa force. Eh! sans elles que deviendroit le genre humain? Elles font le lien et l'ame des sociétés.

La politique n'est sage que quand elle sçait intéresser les passions au maintien du bon ordre, et par une combinaison adroite et sçavante les en rendre garantes.

« LE GUIDE D'UN GRAND JURISCONSULTE EST LA MORALE DE LA NATURE. »

(*La Philosophie de la Nature.*)

(65) DÉCRETS PATRIOTIQUES ET FRATERNELS. Tracés unanimement et impérativement, 1°. PAR L'ORDRE DU CLERGÉ. 2°. PAR L'ORDRE DE LA NOBLESSE. Démonstratifs sous tous leurs rapports équitables et bienfaisans, combien LES DEUX PREMIERS ORDRES, lors de la convocation des Etats-Généraux de 1789, étoient exclusivement animés pour contribuer de tous leurs moyens, pour fixer invariablement le bonheur et la prospérité de L'ORDRE DU TIERS-ETAT, inséparables et identiques avec leur propre félicité.

1°. PAR L'ORDRE DU CLERGÉ.

« LE CLERGÉ RECOMMANDE A *ses Députés* DE SECONDER AVEC EMPRESSEMENT TOUS LES PROJETS ET TOUS LES EFFORTS TENDANT AU SOULAGEMENT DU PEUPLE, *et de se joindre hautement à ceux qui professent ces sentimens.* »

(*Mandat. Montargis. etc. . . . .*)

» LE CLERGÉ DÉCLARE *qu'il offre de supporter désormais toutes les impositions librement consenties par les trois Ordres, dans une parfaite égalité avec la Noblesse et le Tiers, et dans la plus exacte proportion de ses biens.* »

(*Mandat. Prévôté et Vicomté de Paris. etc. . . . . . .*)

» *Que cette classe de journaliers infiniment utile, de ci-*

I

toyens laborieux , d'autant plus infortunés qu'ils sont sans propriété et sans considération , mérite que LE CLERGÉ ÉLÈVE LA VOIX POUR OBTENIR DE LA BONTÉ PATER-NELLE DE SA MAJESTÉ *, que cette classe précieuse de ses sujets soit affranchie de tout impôt.* »

(*Mandat. Limoges. etc. . . . .*)

« *Comme* LE CHRISTIANISME *a fait connoître la véri-table dignité de l'homme et ses droits à la liberté, qu'en conséquence on a vu la servitude disparoître de l'Europe à mesure que* L'ÉVANGILE S'EST PROPAGÉ, C'EST UN DE-VOIR POUR LE CLERGÉ *de demander que tout reste de ser-vage soit détruit en France , et particulièrement en Franche-Comté.* »

« *L'exemple que* SA MAJESTÉ *a donné la première , l'autorise à penser que tous les propriétaires de ces droits barbares sentiront qu'ils ne peuvent imposer des fers à leurs concitoyens, lorsqu'ils réclament une entière liberté pour eux-mêmes.* »

(*Mandat. Mantes et Meulan. Metz. Saumur. Melun et Moret. Paris. etc. . . .*)

Quelle patriotique morale législative ! Quelle sublime philo-sophie dans toutes les dispositions judicieuses et équitables de ces mandats fraternels, émanés de la sagesse, de la piété re-ligieuse et bienfaisante de l'Ordre éclairé et respectable du Clergé français !

LA VRAIE PHILOSOPHIE EST LA VERTU MISE EN ACTION.

« LA RELIGION CHRÉTIENNE *a détruit l'esclavage en-core plus par son esprit que par sa loi : ce qui est un grand titre d'honneur, et marque beaucoup l'humanité ou plutôt la charité de sa morale.* »

(*M. de Térasson. Dans la Philosophie applicable à tous les objets de l'Esprit et de la Raison.* 1re *part. chap.* 3. *sect.* 3.)

2°. PAR L'ORDRE DE LA NOBLESSE.

« *De quelque manière que soient assis définitivement les impôts,* L'ORDRE DE LA NOBLESSE *charge ses Députés de déclarer qu'il renonce formellement à toutes distinctions à cet égard ; qu'il entend les supporter avec la plus entière égalité, soit dans la répartition, soit dans la forme de les acquitter.* »   (*Mandat. Guyenne. etc. . . . .*)

« *Les Députés de* L'ORDRE DE LA NOBLESSE *travail-*

à la recherche. . . . .

leront à la réforme des abus ; ils s'y livreront , dépouillés de tous intérêts personnels. Notre reconnoissance sera mesurée sur le bien général que la Nation entière recueillera, et jamais sur les avantages particuliers que pourroient en retirer notre Ordre. »

(*Mandat. Clermont-Ferrand. etc.* . . . . .)

« L'Ordre de la Noblesse *n'approuve aucune des* lois qui *ferment l'entrée des Emplois militaires à* l'Ordre du Tiers - Etat. »

(*Mandat. Metz. etc.* . . . .)

« La Noblesse *desire que le titre précieux de Membre de son Ordre , soit accordé* par le Souverain , seul Dispensateur *de ce Titre, au Citoyen qui aura composé le meilleur Code civil et criminel , et pour la meilleure réformation du Ressort, et la meilleure composition des Tribunaux de Justice.* »

(*Mandat. Château-Thierry. etc.* . . . . . .)

« *Comme rien de ce qui peut intéresser la dignité de l'homme ne sçauroit être indifférent à l'Assemblée ,* en respectant la juste prérogative de la préséance *du Clergé et de la Noblesse,* la Noblesse *défend à ses Députés de consentir aux distinctions humiliantes qui avilirent* les Communes *dans les derniers Etats-Généraux de Blois et de Paris.* »

(*Mandat. Dauphiné. etc.* . . . . .)

« *Que les formes humiliantes auxquelles les Députés de* l'Ordre du Tiers-Etat *furent assujettis dans les Etats-généraux , soient abolies ; qu'il soit fortement réclamé contre ces formes , si on tentoit de les introduire dans les Etats-Généraux ; le spectacle d'un homme à genoux devant un autre homme blessant la dignité de la nature humaine , et annonçant entre des êtres égaux par la nature une infériorité incompatible avec leurs droits essentiels.* »

(*Mandat. Mantes et Meulan. etc.* . . . . .)

« *Le nombre des Députés* du Tiers-Etat *sera toujours égal à celui* du Clergé *et* de la Noblesse. »

« *La province du Dauphiné donne à ses Députés le Mandat spécial d'employer tous leurs efforts pour obtenir que les Députés* du Tiers-Etat *soient en nombre égal à* ceux du premier *et* du second Ordre réunis. *L'Assemblée déclarant qu'elle désavoue ses Députés et leur re—*

à la recherche . . . .

tire ses pouvoirs, s'ils contreviennent au Mandat ci-dessus. »

(*Mandat. Dauphiné. etc. . . . .*)

Quels mandats patriotiques! quels décrets fraternels de la part de l'Ordre illustre, magnanime et généreux de la Noblssse française!

Le patriotisme le plus pur, en même tems le plus magnanime, a présidé tant à leur conception fraternelle et généreuse qu'à leur rédaction concise, éloquente et sentimentale.

« *Nobilitas sola atque unica virtus.* »

(*Juvénal.*)

« *La Noblesse est née de la vertu.* »

« *La gloire et l'honneur sont pour* CETTE NOBLESSE *qui ne connoît, qui ne voit, qui ne sent de vrai bien que l'honneur et la gloire.* »

(*Esprit des Lois. Liv.* 13. *Chap.* 20.)

FRANÇAIS, Ô MES BIEN CHERS COMPATRIOTES! que nous avions bien raison, en considérant avec sagesse, en appréciant équitablement le patriotisme, la magnanimité, la générosité DES DEUX PREMIERS ORDRES, NOS FRÈRES AINÉS!

« *D'EXIGER de nos Députés qu'ils se souvinssent que nous ne les envoyions pas VERS DES ENNEMIS dont ils dévoient braver l'audace et l'orgueil, mais VERS DE BONS CITOYENS avec lesquels ils alloient traiter du bonheur et de la paix de la Nation.* »

(*Mandat. Ordre du Tiers-Etat. Château-Thierry, etc....*)

FRANÇAIS,

Dirigés infailliblement par la raison, par la justice, par le sentiment, consacrons unanimement de nouveau LES PRÉ-ROGATIVES PUREMENT HONORIFIQUES, CONSTITUTION-NELLES-MONARCHIQUES, DES DEUX PREMIERS ORDRES, NOS FRÈRES AINÉS, tel que nous l'avons si judicieusement, si équitablement fait en 1789, *par les mandats impératifs, suivans :*

« *Que la juste prérogative de la préséance accordée au Clergé et à la Noblesse soit respectée.* »

« *Que les trois Ordres distingués par leurs rangs, soient égaux par leurs droits, comme les trois sortes de propriété sont franches.* » (*Mandats. Ordre du Tiers-Etat. Vivarais. Nivernois. Saintonge. Foix. etc. . . . .*)

de la vérité; (66) que dans la chaleur insé-
parable de l'amour du bien, la sagesse et la
modération doivent toujours être les compagnes
de la hardiesse et de la fermeté. (67)

---

(66) MAXIME.

C'est à l'imagination à suivre la vérité : et non à la vérité à
s'évanouir devant l'imagination.

(67) MAXIMES
bien concordantes avec l'esprit de cette judicieuse et circonspecte
morale politique.

Vis consilii expers mole ruit suâ :
Vim temperatam Dii quoque provehunt
In majus : idem odere vires
Omne nefas animo moventes.
(Horat. Od. 4. lib. 3.)

« *La puissance sans la sagesse est une masse qui se précipite*
par son propre poids. Quand la sagesse règle la puissance, les
Dieux mêmes se plaisent à l'augmenter. Mais ces Dieux ont en
horreur la force qui s'exhale en projets impies. »

« *Les méchans sont hardis, les sages sont timides.* »
(*Voltaire.*)

LES SAGES sont pour l'ordinaire TRÈS-CIRCONSPECTS dans
les changemens qu'ils proposent; mais DES HOMMES DE GÉNIE
hazardent beaucoup plus et échouent aussi plus souvent dans
leurs entreprises. Leurs vues qui portent toujours loin, leur font
voir des objets qui sont à de trop grandes distances; et lorsqu'ils ont conçu un projet, ils sont moins frappés des difficultés
qui viennent de la chose, que des remèdes qui sont d'eux, et
qu'ils tirent de leur propre fonds. Ils donnent plus souvent que
l'esprit médiocre même qui ne marche que dans des routes
battues, DANS LES ERREURS DE LA SPÉCULATION.

C'est par où CATON avec les meilleures intentions du monde,
avec une constance singulière, avec une fidélité inviolable, priva
sa patrie du principal fruit de ses vertus, eut le malheur de
lui nuire plus d'une fois, *faute de distinguer* LES FACILITÉS
DE LA SPÉCULATION, D'AVEC LES IMPOSSIBILITÉS DE LA
PRATIQUE.

« *Nocet* (*CATO*) *interdum rei publicæ. Dicit enim tanquam in*
PLATONIS politeiâ, non tanquam in fæce ROMULI sen-
tentiam. » (*Cicer. Ep. ad Attic. 1. 2.*)

« *Enfin* LE TIERS-ETAT *considérant qu'en remettant ses pouvoirs entre les mains de ses Députés, il leur confie son sort, et peut-être celui de la Nation, il les prévient que si par leur prudence, leur sagesse et leur courage, ils contribuent au bonheur de tous, ils seront couverts de gloire et de bénédictions; que si au contraire l'imprudence, les passions, l'intérêt particulier* (68) *pouvoient les porter à compromettre les intérêts communs, l'opprobre et l'infamie les attendent à leur retour.* » (69)
(*Mandat. Château-Thierry. etc.......*)

« *Nous invitons les Etats-Généraux à présenter au Roi, l'hommage de l'amour, de la*

Faisant tout pour la gloire, il ne fit rien pour Rome ;
Et c'est la seule faute où tomba ce grand homme.
(Voltaire.)

Est modus in rebus sont certi denique fines.
Quos ultrà citraque nequit consistere rectum.
(Horat.)

« *Il est un milieu en tout ; chaque chose a ses bornes fixes, au-delà et en-deçà desquelles rien n'est bien.* »

(68)   M A X I M E S.
« *Cupiditate imperante, natura languescit* ».
« *Quand un intérêt sordide veille dans notre cœur, il y annonce le sommeil de la nature.* »
(La Philosophie de la Nature.)

.... *Quid non mortalia pectora cogis,*
Auri sacra fames ? . . . .
(Virgil. Eneid. lib. 2.)

Maudite soif de l'or, quel devoir, quelle loi
Peut retenir un cœur qui n'obéit qu'à toi ?

(69)   CONSÉCRATION PHILOSOPHIQUE
de cet anathême national.

La honte suit toujours le parti des rebelles ;
Leurs grandes actions sont les plus criminelles :
Ils signalent leurs crimes en signalant leurs bras ;
Et la gloire n'est pas où les Rois ne sont pas.
(Racine.)

fidélité, du respect et de la reconnoissance de la Nation française. » (70)

(*Mandat. Ordre du Tiers-Etat. Prévôté et Vicomté de Paris. etc. etc. etc.....*)

---

(70) CONSÉCRATION PHILOSOPHIQUE
de ce culte politique, dû au Roi.

On doit AU SOUVERAIN non seulement UN HONNEUR EXTÉRIEUR, par des démonstrations de respect qui aille au plus haut point dans l'ordre civil, mais encore UN HONNEUR INTÉRIEUR *qui consiste dans une vénération profonde et sincère* POUR LE PREMIER RANG qui soit sur la terre.

On lui doit UN HONNEUR D'AMOUR, parce que LES PRINCES DOIVENT ÊTRE LES PÈRES de leurs sujets,

(*Démonstration historique que les Monarques français ont toujours été et sont les pères bienfaisans de tous leurs fidèles sujets.*

« CHARLES, *Comte d'Anjou,* (FRÈRE DE LOUIS IX) *avoit un procès contre un simple Gentilhomme de ses vassaux, pour la possession d'un certain château. Les Officiers du Prince jugèrent en sa faveur : le Chevalier en appella à* LA COUR DU ROI. CHARLES, *piqué de sa hardiesse, le fit mettre en prison.* LE ROI en *fut averti, et manda sur-le-champ* AU COMTE *de venir le trouver.* »

« *Croyez-vous, lui dit-il, avec un visage sévère, qu'il doit y avoir plus* D'UN SOUVERAIN *en France, et que vous serez au-dessus des lois, parce que vous êtes mon frère?*

« *En même tems, il lui ordonne de rendre la liberté à ce malheureux vassal, pour pouvoir défendre son droit au Parlement.* LE COMTE *obéit. Il ne restoit plus qu'à instruire l'affaire : mais le Gentilhomme ne trouvoit ni procureurs, ni avocats, tant on redoutoit le caractère violent du Prince angevin.* LOUIS *eut encore la bonté de lui en donner d'office, après leur avoir fait jurer qu'ils le conseilleroient fidèlement. La question fut scrupuleusement discutée, le Chevalier réintégré dans ses biens, et* LE FRÈRE DU ROI CONDAMNÉ. »

» *Velly. Hist de France. Tome 5.* »)
et que les enfans doivent aimer tendrement leur père.

On lui doit UN HONNEUR DE RECONNOISSANCE. Quel bien ne possédons-nous pas par ses moyens !

Si les Députés et Mandataires respectifs des trois

(*Démonstration philosophique que le Roi est la source de la félicité publique.*

« *CELUI QUI GOUVERNE SOUVERAINEMENT une grande Nation, et qui la contient dans l'ordre, fait ce que l'esprit de l'homme peut entreprendre de plus grand........ Il embrasse tous les cas et toutes les personnes dans la généralité de ses réglemens et de ses intentions bienfaisantes. IL EXERCE UNE SORTE D'IMMENSITÉ. Quoiqu'assis sur le trône, il semble être par-tout : d'un bout de son domaine à l'autre, c'est le même esprit, c'est la même activité. SON NOM SEUL y fait tout marcher, y dissipe l'injustice ou l'oblige à se cacher; tous les particuliers jouissent de leur état SOUS SA PROTECTION, ou réclament EFFICACEMENT SON SECOURS. Celui dont je parle n'est pas DIEU : mais il est LA PLUS VIVE IMAGE DE DIEU sur la terre.* »

« *Spectacle de la Nature. Tom. 7. Entretien* 26ᵐᵉ.)

Tous les biens dont nous jouissons, nous les tenons DE DIEU *par le ministère* DES SOUVERAINS, nous en devons la reconnoissance à DIEU, et nous devons comprendre dans cette reconnoissance LES PERSONNES dont il se sert pour nous les procurer, *et qui sont dépositaires de son autorité sur la terre.*

Les anciens honoroient les sources des grandes rivières à cause des avantages qu'elles produisent, et NOUS DEVONS HONORER LE SOUVERAIN *comme la source de la félicité publique.*

On lui doit UN HONNEUR DE SUBORDINATION, qui se marque 1°. DANS LES PRIÈRES QUE L'ON FAIT POUR LE SOUVERAIN ;

(« *Seigneur, sauvez le Roi, et bénissez sa famille : conservez la famille de Saint Louis, et faites que ses enfans soient imitateurs de sa foi.* »

« *Deus judicium tuum Regi da, et justitiam tuam filio Regis.* »

« *O Dieu donnez au Roi votre équité dans les jugemens, et votre justice au Fils du Roi.* »

« *Domine, salvum fac Regem, et exaudi-nos in die quâ invocaverimus te.* »

2°. DANS LES SUBSIDES QU'ON LUI PAYE;

(« *Que Sa Majesté soit suppliée de vouloir bien fixer elle-même la somme qu'elle croira nécessaire de prélever sur la masse des subsides, pour sa dépense personnelle,*

Ordres

Ordres de la Nation française, *conformément à*

celle de la Famille Royale, et pour la splendeur du trône ; et comme l'amour universellement connu que le Roi porte à ses Peuples, doit faire craindre que Sa Majesté ne consulte plutôt son cœur que ses besoins réels, la Nation votera l'augmentation qu'elle croira convenable sur la somme qu'il aura plu au Roi de fixer. » Mandat. Thimerais. Château-Thierry. Montargis. etc. . . . .)

3°. ET DANS L'OBÉISSANCE QU'ON LUI REND.

(Tibi summum rerum judicium Dii dedere, nobis obsequii gloria relicta est. ». Tacit. Annal. Lib. 6. »

« Dieu vous a donné la direction suprême de toutes choses, et il ne nous a laissé en partage que la gloire de l'obéissance. »

« Heureux le Peuple qui fait ce qu'on commande mieux que ceux qui commandent, sans se tourmenter des causes, qui se laisse mollement rouler après le roulement céleste. L'obéissance n'est jamais pure ni tranquille, en celui qui raisonne et qui plaide. » Montagne. Essais. Page 484. »)

On lui doit UN HONNEUR DE DISCRÉTION.

Ce n'est pas assez de ne pas faire des cabales, de ne pas exciter des séditions, il ne faut ni rechercher ni révéler les défauts DES SOUVERAINS, il en faut parler favorablement, et demeurer dans une grande réserve à leur égard, lors même QU'ILS MÉCONNOISSENT LES DEVOIRS DU TRONE où ils sont assis.

(« Honorez le Roi. Serviteurs, soyez soumis à vos maîtres avec toutes sortes de respects, non seulement à ceux qui sont doux et bons, mais même à ceux qui sont rudes et fâcheux ; car ce qui est agréable à D I E U est, que dans la vue de lui plaire, nous endurions les maux et les peines qu'on nous fait souffrir avec injustice. »

(Saint Pierre. Ep. 1, 2, 11.)

. . . . . . Le vrai courage est de sçavoir souffrir,
Non d'aller exciter une foule rebelle,
A lever sur son Prince une main criminelle.
Je rougirois de moi, si craignant mon malheur,
Quelques vœux pour la mort avoient surpris mon cœur,
Si j'avois un moment souhaité ma vengeance,
Et fondé sur sa porte un reste d'espérance. »

(Voltaire.)

K

conformément à . . . .

Servez bien votre Dieu, servez votre Monarque.
(*Corneille.*)

« *Adorez vos Rois quand ils veillent, et respectez-les encore
dans leur sommeil.* » (*La Philosophie de la Nature.*)

On parle souvent des princes contre la vérité, parce qu'on
n'en n'est pas assez informé; et l'on n'en parle toujours avec
injustice, parce qu'on imprime dans les autres, par ces sortes
de discours, une disposition contraire à celle que Dieu les
oblige d'avoir pour ceux dont il se sert pour les gouverner.

Un grand historien, en parlant des paroles ambiguës qu'on
jette à la traverse CONTRE LES SOUVERAINS, les met au rang
des choses qui vont à troubler l'état.

« *Inserendo sæpiùs querelas et ambiguos* DE GALBA
sermones, quæque alia turbamenta vulgi. »
(*Tacit. Hist. Lib.* 1. *Cap.* 23. *n.* 2.)

CETTE PAROLE DE L'ECRITURE:

« *Vous ne direz pas de mal des Dieux, et vous ne
maudirez pas* LE CHEF *de votre peuple.* » (*Exod.* 22. 28.)
nous enseigne quel crime c'est, que la licence criminelle
que le commun du monde se donne de décrier la conduite de
ceux qui gouvernent.

LOI DE MAJESTÉ NATIONALE

tracée unanimement et impérativement par les trois Ordres de
la Nation française, consacrant l'honneur de discrétion dû au
Roi.

« *Que la personne du Roi soit déclarée sacrée et inviolable; et quiconque osera porter atteinte à ses droits,
par écrit, parole ou autrement, sera déclaré coupable du
crime de lèze-majesté et nationale, et comme tel puni des
peines les plus sévères.* »

(*Mandat. Auxerre. Paris. Bourbonnois. etc.* . . . . .)

FRANÇAIS,

L'illusion et la flatterie ne prêteront jamais AU MONARQUE
l'éclat dont *la vérité* l'environne, *quand elle identifie avec
l'intérêt de tous ses sujets,* LE RESPECT DU TANT A SA
PERSONNE QU'A SON AUTORITÉ, *quand elle fait sentir à*

leurs devoirs, (71) eussent été patriotiquement
et exclusivement animés PAR CETTE CIR-
CONSPECTION NATIONALE ET FRA-
TERNELLE que lesdits trois Ordres, leurs
Commettans respectifs, leur avoient aussi sagement qu'équitablement prescrite, ils ne se seroient
pas laissés entraîner par les paradoxes brillans,
attrayans, séduisans et trompeurs d'une philosophie spéculative (72) qui, en leur faisant mé-
connoître leurs devoirs, et dévier entièrement DU
BUT SACRÉ de leur mission nationale, patriotique
et fraternelle, les ont *inopinément* induits, non
seulement A ALTÉRER, mais même A DÉTRUIRE,
contre les intentions nationales, patriotiques
et fraternelles des trois Ordres de la Nation
française, leurs commettans respectifs, L'ES-
SENCE DU GOUVERNEMENT PUREMENT MONAR-
CHIQUE, ABSOLU, JUSTE ET PATERNEL de la
France : (73) par suite de leurs conceptions

---

chacun des membres de son Royaume, que LE RESPECT
et L'AMOUR QU'ILS PORTENT AU SOUVERAIN QUI LES
GOUVERNE, *est comme un élément non moins nécessaire*
à leur conservation, que l'air même qu'ils respirent.

(71) DÉFINITION NATIONALE
de la nature du vœu unanime des trois Ordres de Nation française, à l'égard de tous leurs Députés et Mandataires respectifs.

« *Députés, nous sommes convaincus que* LE VŒU QUI
VOUS EST EXPRIMÉ PAR NOUS SERA TOUJOURS POUR
VOUS LA LOI LA PLUS SACRÉE. »
(*Mandat. Bourbonnois. etc* . . . .)

(72) M A X I M E.
« *La législation d'un peuple ne peut avoir pour base les*
paradoxes brillans d'une philosophie spéculative. »
(*Des Lois pénales.*)

(73) APOLOGIE PHILOSOPHIQUE
du gouvernement purement monarchique, absolu, juste et paternelle de la France.

« *Si nous apprenions quelle est la bonté et l'origine de*

K 2

spéculatives, erronnées, *bien distantes de la haute, profonde, judicieuse et équitable sagesse des vues politiques des trois Ordres de la Nation française, leurs commettans respectifs,* D'AVOIR SUBSTITUÉ A CET ANTIQUE ET PATRIARCHAL GOUVERNEMENT, *proposé unanimement avec tant de justice par les trois Ordres de la Nation française, pour modèle à toutes les Puissances étrangères ;* (74)

(Gouvernement patriarchal qu'il ne s'agissoit que de dégager de quelques abus pour lui rendre toute sa splendeur.)

D'AVOIR SUBSTITUÉ, dis-je, *en méconnoissant les limites constitutionnelles, tracées unanimement par les trois Ordres de la Nation française, concernant la nature de leurs fonctions et de leurs devoirs,* (75) A CET ANTIQUE ET

---

notre Gouvernement, le patriotisme nous ranimeroit. Les tems de calme et d'obéissance, comparés aux tems de vertige, seroient une leçon admirable de douceur et de soumission. » (*Voltaire.*)

(74) GOUVERNEMENT PATRIARCHAL de la Monarchie régulière de France, proposé pour modèle à toutes les puissances étrangères.

« *Que tous les sujets du Roi soient vraiment français par le Gouvernement, comme ils le sont tous PAR L'AMOUR QU'ILS PORTENT A LEUR SOUVERAIN : que les Etrangers, voisins des provinces frontières, puissent DESIRER et ENVIER LE GOUVERNEMENT JUSTE et PATERNEL du Royaume. »*
(*Mandat. Toul. etc....*)

(75) LIMITES CONSTITUTIONNELLES. Tracées unanimement par les trois Ordres de la Nation française, concernant la nature des fonctions et des devoirs de leurs Députés et Mandataires respectifs, composant les Etats-Généraux.

« *Les Etats - Généraux n'étant pas la Nation, mais son image, ne jouissent pas de la plénitude de la souveraineté ; ils sont cependant revêtus du pouvoir exclusif de consentir et accorder les impôts, et de faire de nouvelles lois, sans avoir le droit de proscrire celles qui*

PATRIARCHAL GOUVERNEMENT, si chéri par la Nation française, (76) *une anarchie désastreuse, captieusement voilée sous la forme indigeste d'une monarchie tempérée par les lois.*

ANARCHIE que les trois Ordres de la Nation française doivent s'empresser d'extirper radicalement le plus promptement possible, pour prévenir la dissolution totale de l'ordre social de la monarchie régulière et paternelle de France.

« *Utinam* **Res** *publica stetisset quo cœperat*

---

servent de base au Contrat social, SANS LE CONSENTEMENT EXPRÈS DE LA NATION. (*) *Ils ne peuvent, de leur seule autorité, remplacer la monarchie, par quelqu'autre institution, telle que l'aristocratie ou la démocratie.* »

(*Mandat. Bugey. etc....*)

(*) DÉFINITION PHILOSOPHIQUE
de cette faculté morale : le consentement.

« *Consensio est liberæ voluntatis à sano atque integro perfecta approbatio. Nihil consensui tam contrarium est quam vis atque metus.* »
(*Leg. 116. §. de Regulis Juris.*)

(76) IVRESSE PHILOSOPHIQUE
des trois Ordres de la Nation française, pour leur gouvernement purement monarchique, absolu, juste et paternel.

« *Le Gouvernement purement monarchique étant la constitution inébranlable de la France, la plus propre à sa tranquillité intérieure et à sa sûreté au-dehors, la plus convenable à l'étendue de ses provinces, la plus conforme au caractère de ses peuples qui dans tous les temps, se sont distingués par leur amour pour leur Souverain, nous ne nous prêterons jamais à rien de ce qui tendroit à altérer la forme de ce gouvernement : nous y sommes inviolablement attachés par les devoirs les plus sacrés de l'obéissance, par les liens du serment et de la fidélité, par l'amour et le respect pour nos maîtres, et par le bonheur de leur être soumis.* » (*)
(*Mandat. Dourdan. etc. . . . . . .*)

(*) FELICES ERRORE SUO. . . . .
Dans une erreur si douce ils trouvent un vrai bien.

statu, nec in homines non tam commutan-
darum rerum quam evertendarum cupidos in-
cidisset ! »

(*Cicer. de Offic. Lib.* 2. *Cap.* 1. (77)

---

(77)   M A X I M E.

Speret infestis,   metuit secundis
Alteram sortem benè præparatum
Pectus . . . . (*Horat.*)

« *Un cœur préparé par la sagesse , espère dans l'adversité le re-*
tour de la fortune : il en craint les caprices au sein de la prospérité.

ÉNONCIATION

SUCCINCTE

DES TROIS PARTIES,

COMPOSANT

CE CODE DE LÉGISLATION.

PREMIÈRE PARTIE.

DE LA LIBERTÉ POLITIQUE.
CONSIDÉRÉE DANS TOUS SES RAPPORTS. (*)

SOLUTION PATIOTIQUE
DU PROBLÈME DE LA LIBERTÉ POLITIQUE
De la Constitution régulière, paternelle, purement monarchique, de la France.

CHARTE FONDAMENTALE.
TRANSACTION NATIONALE.
CONCERNANT

L'organisation constitutionnelle de l'exercice des diverses fonctions de la souveraineté dans une monarchie régulière et paternelle, telle que la France.

TRACÉE

UNANIMEMENT, IMPÉRATIVEMENT,
PAR LES TROIS ORDRES

DE LA NATION FRANÇAISE.

A leurs Députés et Mandataires, respectifs, aux Etats-Généraux de 1789.

« *Nihil rerum mortalium tam instabile ac tam fluxum est quam fama potentiæ non suâ vi nixæ.* »
(*Tacit. Annal. Lib.* 13. *Cap. X.*)

« *Il n'est rien de si fragile qu'une Puissance qui n'est pas appuyée sur ses propres fondemens.* »

(*)   DÉFINITION PHILOSOPHIQUE
de la vraie liberté politique, par M. de Montesquieu.

« *LA LIBERTÉ POLITIQUE n'existe que lorsqu'on n'abuse pas du pouvoir; pour qu'on ne puisse abuser du pouvoir, il faut que par la disposition des choses, le pouvoir arrête le pouvoir.* »
(*Esprit des Lois. Chap.* 4. *Liv.* II.)

DÉCRET

DÉCRET NATIONAL.

Rendu unanimement par les trois Ordres de la Nation française, tendant à établir la souveraineté dans le royaume de France, sur ses propres fondemens; conséquemment, à en fixer salutairement la stabilité et la perpétuité consolante entre les mains paternelles et bienfaisantes du Roi.

« *La principale source des erreurs et des abus de l'administration, étant dans* LE DÉFAUT D'UNE LOI FONDAMENTALE *qui ait fixé d'une manière précise et authentique les effets de la Constitution nationale, et les limites respectives des différentes fonctions du pouvoir,* IL Y SERA STATUÉ SOLEMNELLEMENT *aux prochains Etats-Généraux.* »

(*Mandat. Rouen. etc.* . . . .)

Aucune société ne sçauroit subsister long-tems QU'AVEC LE SECOURS D'UNE RÈGLE D'INSTITUT TOUJOURS PRÉSENTE à ceux qui la conduisent. Comment l'Etat qui renferme toutes les communautés, aussi bien que tous les particuliers pourroit-il s'en passer? Comment ceux qui succèdent aux places et aux emplois, seroient-ils au fait de ce que les conjonctures changent aux principes qu'ils voyent qu'ont suivis leurs prédécesseurs? faute DE CETTE RÈGLE PERMANENTE, une bonne idée qui n'a pu s'exécuter périt avec l'inventeur; et une infinité de mauvaises adoptées par vivacité, par ignorance, se perpétuent.

Quand LA RÈGLE EST BIEN CONNUE, LE PRINCE *règne selon les lois,* LE MAGISTRAT *fait un usage raisonnable de son pouvoir,* LE SUJET *rend une obéissance dont il connoît l'utilité et la nécessité;* toutes les voies qui nous instruisent de notre devoir nous le font aimer, et nous ne sçaurions étudier les principes du Gouvernement, sans être convaincus que LES LOIS SONT LA SOURCE DE LA FÉLICITÉ PUBLIQUE, (*) et que chaque citoyen *a intérêt d'obéir exactement* AU SOUVERAIN EN QUI RÉSIDE LE POUVOIR SUPRÊME.

(*) DÉFINITION NATIONALE DES LOIS.

« *La loi est l'expression de la volonté royale, approuvée et consentie par la volonté générale de la Nation.* »

(*Mandat. Lyon. etc.* . . . .)

L

DEUXIÈME PARTIE.

DE LA LIBERTÉ PUBLIQUE.

Considérée dans tous ses rapports. (*)

SOLUTION PATRIOTIQUE

DU PROBLÉME DE LA LIBERTÉ PUBLIQUE
De la Nation Française.

CHARTE FONDAMENTALE.
TRANSACTION NATIONALE.

CONCERNANT

La vraie Constitution, la Composition équitable, et l'organisation sagement combinée des Etats-Généraux de la Monarchie régulière et paternelle de France.

TRACÉE

UNANIMEMENT , IMPÉRATIVEMENT,

PAR LES TROIS ORDRES

DE LA NATION FRANÇAISE.

A leurs Députés et Mandataires, respectifs, aux Etats-Généraux de 1789.

« *Omni autem in re, consensio omnis gentis, lex naturæ putanda est.* »

(*Cicer. Tuscul. Lib.* 3, *n.* 13.)

« *Dans toute chose, le vœu unanime de toute une Nation, est réputé une loi de la nature; conséquemment, sacrée et inviolable.* »

(*) DÉFINITION NATIONALE
de la vraie liberté publique de la Nation française.

« *Il sera statué que le pouvoir souverain n'existant dans un seul que pour le bonheur de tous, il ne peut bien rem-*

plir cette destination qu'autant que la Nation sera consultée sur tout ce qui l'intéresse; qu'en conséquence les
assemblées nationales sont de l'essence du Gouvernement. »

(*Mandat. Meaux. Melun et Moret. Clermont-en-Beauvoisis. Provins et Montereau. Lyon. Agenois. Ponthieu.
Nîmes. Paris. Prévôté et Vicomté de Paris. etc.......*)

« *Les membres de la Noblesse considérant que les ministres du Roi, par le résultat de son Conseil, du 27 décembre 1788, ont avoué les droits incontestables et imprescriptibles de la Nation, en déclarant* :

1°. *Que sa volonté est non seulement de ratifier la pro-
messe qu'il a faite de ne mettre aucun impôt sans le
consentement des Etats-Généraux; mais même de* n'en
proroger aucun sans cette condition.

2°. *D'assurer le retour successif des Etats-Généraux en
les consultant sur l'intervalle qu'il faudroit mettre entre
les époques de leurs convocations, en écoutant favorablement les représentations qui lui seront faites pour donner à
ces dispositions une stabilité durable.*

3°. *Que Sa Majesté veut prévenir de la manière la plus
efficace, les désordres que l'inconduite et l'incapacité de
ses Ministres pourront introduire dans les finances, en
concertant avec les Etats-Généraux, les moyens les plus
propres à atteindre ce but.*

4°. *Que Sa Majesté préfère avec raison, aux conseils
passagers de ses Ministres, les délibérations durables des
Etats-Généraux de son Royaume.*

*Nous chargeons spécialement nos Députés de déclarer
aux Etats-Généraux que* NOTRE VŒU ET NOTRE VOLONTÉ
EST QUE TOUS LES ARTICLES CI-DESSUS SOIENT RÉ-
DIGÉS EN UNE CHARTE QUI SERA L'ÉGIDE DES DROITS
DE LA NATION. »

(*Mandat. Agénois. etc. . . . .*)

« *Les Etats-Généraux statueront que la Nation se trouvant réunie en assemblées d'Etats, est par cela seul réin-
tégrée dans l'exercice de ses droits.* »

(*Mandat. Ordre du Tiers-Etat. Rouen. Labour.
Nîmes. etc. . . . .*)

« *C'est aux Etats-Généraux à faire* AVEC LE SOUVE-
RAIN, LE SAINT CONTRAT *qui doit toujours exister*
ENTRE UN PEUPLE et SON ROI. »

(*Mandat. Ponthieu. etc. . . . . . .*)

TROISIÈME PARTIE.

DE LA LIBERTÉ CIVILE.

CONSIDÉRÉE DANS TOUS SES RAPPORTS. (*)

SOLUTION PATRIOTIQUE
DU PROBLÉME DE LA LIBERTÉ CIVILE
De tous les Sujets de l'Empire Français.

CHARTE FONDAMENTALE.
TRANSACTION NATIONALE.
CONCERNANT

Un Code de Législation criminelle, divisée en douze Parties.

TRACÉE

UNANIMEMENT, IMPÉRATIVEMENT,
PAR LES TROIS ORDRES
DE LA NATION FRANÇAISE.

A leurs Députés et Mandataires, respectifs, aux Etats-Généraux de 1789.

« *Nihil est civitati præstantiùs quam leges rectè positæ.* » (**)
(*Eurip. in Supplic.*)

(*) DÉFINITION PHILOSOPHIQUE de la vraie liberté civile, par M. de Montesquieu.

« *LA LIBERTÉ CIVILE consiste principalement à ne pouvoir être forcé à faire autre chose que LA LOI n'ordonne pas, et on n'est dans cet état que parce qu'on est gouverné par DES LOIS CIVILES. Nous sommes donc LIBRES quand nous sommes gouvernés par LES LOIS.* »
(*Esprit des Lois.*)

(**) PARAPHRASE PHILOSOPHIQUE de cette maxime, par M. de Montesquieu.

« *LA RELIGION CHRÉTIENNE qui ordonne aux hommes*

de s'aimer, veut sans doute que chaque peuple ait les meilleures lois politiques et les meilleures lois civiles; parce qu'elles sont, APRÈS ELLE, le plus grand bien que les hommes puissent donner et recevoir. »

« Les connoissances sur les règles les plus sûres que l'on puisse tenir dans les jugemens criminels et civils, intéressent le genre humain plus qu'aucune autre chose qu'il y ait au monde. »

« Si vous examinez les formalités de la justice, par rapport à la peine qu'a un citoyen à se faire rendre son bien, ou à obtenir satisfaction de quelqu'outrage, vous en trouverez sans doute trop : si vous les regardez dans le rapport qu'elles ont avec la liberté et la sûreté des citoyens, vous en trouverez sans doute trop peu, et vous verrez que les peines, les dépenses, les longueurs, les dangers même de la justice sont le prix que chaque citoyen donne pour sa liberté. »

« DANS LES ETATS MODÉRÉS, où la tête du moindre citoyen est considérable, on ne lui ôte son honneur et ses biens qu'après un long examen : on ne le prive de la vie que lorsque la patrie elle-même l'attaque, et elle ne l'attaque qu'en lui laissant tous les moyens de la défendre. »

« DANS LES RÉPUBLIQUES, il faut pour le moins autant de formalités que DANS LES MONARCHIES. Dans l'un et l'autre Gouvernement, elles augmentent en raison du cas que l'on y fait de l'honneur, de la fortune, de la vie, de la liberté des citoyens. »

(Esprit des Lois. Liv. 6. Chap. 1. et 2.)

APOLOGIE PHILOSOPHIQUE
de l'ordre de la justice, chez les Romains.

« Mais rien ne maintenoit tant la paix de l'Empire que L'ORDRE DE LA JUSTICE. L'ancienne République l'avoit établi : les empereurs et les sages l'ont expliqué sur les mêmes fondemens : tous les peuples, jusqu'aux plus barbares, le regardoient avec admiration : et c'est par-là principalement que les Romains étoient jugés dignes d'être les maîtres du monde. »

(M. Bossuet. Discours sur l'Histoire Universelle.)

RÉFLEXIONS ULTÉRIEURES.

« Le vrai philosophe doit être le ministre de la vérité, et non un vain créateur de systèmes. »

(*La Science de la Législation.*)

CES TROIS CHARTES FONDAMENTALES, TRANSACTIONS NATIONALES, concernant la solution patriotique des problèmes,

1º. *De la vraie Liberté politique de la Constitution régulière, paternelle, purement monarchique de la France;*

2º. *De la vraie Liberté publique de la Nation française;*

3º. *De la vraie Liberté civile de tous les sujets de l'Empire français.* (1)

CES TROIS PRODUCTIONS PATRIOTIQUES, composées fidèlement, rédigées littéralement et conformément AU VŒU UNANIME, SACRÉ ET INVIOLABLE DES TROIS ORDRES DE LA NATION FRANÇAISE, *dont je ne suis que le bien pur Editeur;*

CES TROIS PRODUCTIONS NATIONALES dé-

---

(1)   M A X I M E.

« Non est regula jus sumatur, sed ex jure quod est regula fiat. »

(*Lib. I. ff. de diversis Regulis Juris antiqui.*)

« Ce n'est pas dans la règle qu'il faut prendre le droit; mais c'est sur ce qui est de droit qu'il faut établir la règle. »

IMPERFECTION NATURELLE
de toutes les lois humaines.

« Nulla lex satis commoda omnibus est : id modo quæritur, si majori parti et in summum prodest. »

(*Caton dans Tite-Live, lib.* 34.)

Le Gouvernement des hommes ne sçauroit avoir pour objet que le LE BIEN GÉNÉRAL, au lieu que LA PROVIDENCE DE DIEU EST UNIVERSELLE.

montrent *pratiquement* dans la plus grande évidence, combien il étoit facile aux Députés et Mandataires, respectifs, des trois Ordres de la Nation française,

(*Composant régulièrement, constitutionnellement, fondamentalement les États-Généraux de* 1789.)

conformément à leurs devoirs sacrés, qui consistoient purement et simplement,

PREMIÈREMENT.

A respecter inviolablement toutes les instructions, pouvoirs et mandats patriotiques et fraternels qui leur avoient été tracés unanimement et donnés impérativement par les trois Ordres de la Nation française, leurs Commettans, respectifs. (2)

---

(2) RÉFLEXIONS POLITIQUES, sur les dispositions de l'article 6, de la déclaration du Roi, du 23 juin 1789.

Hélas! combien ont été peu réfléchis les conseils donnés à LOUIS XVI, RESTAURATEUR DE LA LIBERTÉ, lorsque Sa Majesté, *induite en erreur*, a, par l'article de sa déclaration du 23 juin 1789, prescrit les ordres suivans, *subversifs*, DE CE PRINCIPE *digne de l'éternelle sagesse*, CONSERVATEUR DE NOS LIBERTÉS.

« *SA MAJESTÉ déclare que dans les tenues suivantes d'États-Généraux, elle ne souffrira point que LES CAHIERS et LES MANDATS PUISSENT JAMAIS ÊTRE CONSIDÉRÉS COMME IMPERATIFS; ils ne doivent être que DE SIMPLES* INSTRUCTIONS CONFIÉES A LA CONSCIENCE, A LA LIBRE OPINION DES DÉPUTÉS *dont on aura fait choix.* »

Telle a été la source de tous nos maux.

1º. Des écarts multipliés des États-Généraux qui, uniquement guidés par l'exaltation dangereuse de leurs idées spéculatives, bien discordantes avec la haute, profonde, judicieuse et équitable sagesse du vœu unanime, sacré et inviolable de leurs commettans, respectifs, leur ont fait perdre de vue LA BOUSSOLE PATRIOTIQUE qu'ils leur avoient si lumineusement préparée, pour les diriger infailliblement dans leur belle et brillante carrière politique, afin d'opérer le bonheur de tous, par l'extirpation et

D E U X I È M E M E N T.

A se pénétrer de l'esprit fraternel qui avoit dicté toutes ces mêmes instructions, pouvoirs et mandats patriotiques, pour, en conséquence, motiver AVEC LA CIRCONSPECTION SAGE ET ÉQUITABLE QU'ILS LEUR AVOIENT SI JUDICIEUSEMENT PRESCRITE, *leurs délibérations nationales.*

CES TROIS PRODUCTIONS NATIONALES démontrent *pratiquement* dans la plus grande évidence, combien il étoit facile aux Etats-Généraux de 1789,

En soumettant fidèlement et TRÈS-RESPECTUEUSEMENT AU ROI, (3) *à la sagesse*

---

l'anéantissement salutaire des abus qui obscurcissoient la splendeur de notre constitution régulière, purement monarchique, et altéroient la bonté, l'excellence et la perfection de notre antique et patriarchal gouvernement absolu, juste et paternel.

2°. De la foiblesse du gouvernement qui, par une politique aussi erronnée, motivant, pour ainsi dire, les écarts anarchiques des Etats-Généraux, s'est privé de la vigueur nécessaire pour les rappeler à ce même vœu unanime, sacré et inviolable de leurs commettans, respectifs, auquel toutes leurs délibérations devoient religieusement aboutir comme à un centre inviolable et sacré pour eux, dans toutes les circonstances de leur auguste mission nationale et fraternelle.

M A X I M E.

Ce n'est QU'ENTRE L'INTELLIGENCE INFINIE *et* LA JUSTICE SUPRÊME QUE DOIT ÊTRE PLACÉE LA TOUTE-PUISSANCE; *dans toute autre main, elle seroit pour une Nation le plus terrible des fléaux, la source de tous les autres.*

TOUTE AUTORITÉ DÉRIVE D'UNE SOURCE.

(3) D É C R E T N A T I O N A L concernant le respect le plus profond, dû à la personne sacrée du Roi, par les Etats-Généraux.

« *Les Etats-Généraux exprimeront* AU ROI *dans leurs*

éclairée,

éclairée, à l'équité bienfaisante DE SA MA-
JESTÉ, (4) LE VŒU UNANIME, SACRÉ ET
INVIOLABLE *de ses fidèles sujets* ; (5)

CES TROIS PRODUCTIONS NATIONALES démontrent *pratiquement* dans la plus grande évidence, combien il étoit facile aux Etats-Généraux,

(*Mais sans aucunement détruire ou altérer
l'essence du Gouvernement purement monar-*

---

adresses et dans leurs discours, LE PLUS PROFOND RES-
PECT POUR SA PERSONNE SACRÉE. »
(*Mandat. Ordre du Tiers-Etat. Prévôté et Vicomté
de Paris. etc............*)

(4) CONSÉCRATION NATIONALE
de la sagesse éclairée de l'équité bienfaisante de LOUIS XVI,
RESTAURATEUR DE LA LIBERTÉ.

« LE RESPECT DU A LA MAJESTÉ ROYALE, *paroît exiger que les loix prennent naissance dans les Etats-Généraux, pour être agréées ou refusées par* LE ROI *, sans
qu'il soit nécessaire en aucun cas que* SA MAJESTÉ *explique les motifs de son refus.* »
(*Mandat. Banlieue de Paris, etc.....*)

« *Les Députés n'oublieront jamais que la Nation est re-
devable* A SON ROI, A LA JUSTICE DE SON SOUVERAIN,
et A SON AMOUR *pour ses peuples, d'être rentrée dans
l'exercice d'un droit presqu'oublié, et que le sacrifice d'un
pouvoir que de longs abus avoient en quelque sorte consacré,* A ÉTÉ VOLONTAIREMENT ET UNIQUEMENT DICTÉ
PAR LES PRINCIPES D'ÉQUITÉ QUI LE DIRIGENT. »
(*Mandat. Lyon. etc.....*)

(5) CONSÉCRATION NATIONALE
de la fidélité inviolable de tous les Français, envers LOUIS XVI,
RESTAURATEUR DE LA LIBERTÉ.

« *LE ROI sera instamment supplié de ne confier la garde
de sa personne qu'à des Français.* »
(*Mandat. Angers. etc.....*)

« SA MAJESTÉ *sera suppliée de dispenser ses vassaux de
la prestation de foi et hommage, étant sur-abondante, puisque* LA FIDÉLITÉ EST LA PREMIÈRE VERTU *des Français* »
(*Mandat. Ordre du Tiers-Etat. Calais. etc.....*)

M

chique, absolu, juste et paternel de la France.)
combien il étoit facile, dis-je, aux Etats-Généraux
de 1789, de parvenir infailliblement DE CONCERT
AVEC LE ROI, à opérer sans secousse,

1º. *La vraie Liberté politique de la Constitution régulière, paternelle, purement monarchique de la France ;*

2º. *La vraie Liberté publique de la Nation
française ;*

3º. *La vraie Liberté civile de' tous les
sujets de l'Empire français.*

conséquemment établir et fixer invariablement,
sous tous leurs rapports, *la félicité et la prospérité nationale,* PAR LE RÉTABLISSEMENT PAR-
FAIT DES DROITS DE LA SOUVERAINETÉ ET
LEUR RÉUNION DANS LA PERSONNE
SACRÉE ET INVIOLABLE DU MONARQUE,
pour rappeler le bon ordre au milieu de la société; (6) tel que les trois Ordres de la Nation

---

(6)   AXIOME POLITIQUE.

« *Le rétablissement des droits de la souveraineté, et leur
réunion dans la personne du monarque, rappelle le bon ordre
au milieu de la société.* »

(*La Science de la Législation.*)

ENUMÉRATION POLITIQUE
des principaux droits de l'autorité royale, consacrés unanimement
par les trois Ordres de la Nation française.

« *Numerantur autem jura majestatis præcipua hæc :*

« *Legem omnibus ac singulis dare, dignitates et magistratus in regno et Re publicâ constituere : bellum indicere
et pacem concludere : Judiciorum ad se provocationem,
sententiamque inappellabilem pronuntiare : tributa et collec-
tas portiora et vectigalia imponere et taxare : vitæ et famæ
restituere : monetam cudere, signo ve et valorem imponere,
comitiâ indicere : asyla exigere et concedere, privilegia
largiri ; et alia quam plurima quæ competunt SOLI SUMMO*

française l'ont unanimement, impérativement et si judicieusement prescrit par le Manifeste suivant.

MANIFESTE

TRACÉ UNANIMEMENT, IMPÉRATIVEMENT,

PAR LES TROIS ORDRES

DE LA NATION FRANÇAISE.

CONCERNANT

Les prérogatives fondamentales, constitutionnelles, sacrées, inviolables et imprescriptibles des Monarques français. (7)

« *Nunquam aliud NATURA, aliud SAPIENTIA dicit.* »
(*Juvénal.*)

RAISON, ta voix conduit une ame saine et pure;
Et ta voix suit toujours LE CRI DE LA NATURE.

« *La France est un gouvernement purement*

PRINCIPI, *vel cui illa exercenda delegat, non proprio tamen,* sed PRINCIPIS JURE. »
(*Pelzhoffer.*)

AXIOME POLITIQUE.

« *Ad quem omne imperium, omnisque potestas pertinet,* dit la première loi, de Constitut. Princip.
Voy. DOMAT. *Traité du Droit public. Liv.* 2, *tit.* 2, *sect.* 2.
CHOPPIN. BACQUET *et* LOYSEAU, *au sujet des détails des droits de la souveraineté. Chap.* 3. *n.* 3. 4. 5. 6. *et* 7.

(7)   AXIOME POLITIQUE.

« *Imperatoriam majestatem non solùm armis decoratam,* sed etiam legibus oportet esse armatam, ut utrumque tempus et bellorum et pacis rectè possit gubernari. »
(*Préf. des Institut. de Justinien.*)

APOLOGIE PHILOSOPHIQUE
de la sagesse des lois romaines.

« *Si les lois romaines ont paru* SI SAINTES *que leur majesté subsiste encore malgré la ruine de l'Empire, c'est que* LE BON SENS QUI EST LE MAITRE *de la vie humaine, monarchique;* ET LE ROI, Souverain Chef et Seigneur des Français, *n'est subordonné qu'à la loi fondamentale du Royaume.* » (8)

« *La loi fondamentale du Royaume est celle qui fixe les principes sacrés et inviolables de la Constitution française; et celle qui étant accordée par* LE ROI *sur le vœu et avec le consentement des Etats-Généraux de la Nation, devient également sacrée et inviolable.* »

(*Mandat. Château-Thierry. etc........*)

« *Le premier devoir des sujets étant de reconnoître et de confirmer* L'AUTORITÉ DU ROI, *on requerra qu'on pose cette première base des délibérations; qu'il est* SEUL LEGISLATEUR *dans l'ordre civil et de police;* (9)

Y RÈGNE PAR - TOUT, *et qu'on ne voit nulle part* UNE PLUS BELLE APPLICATION DES PRINCIPES DE L'ÉQUITÉ NATURELLE. »

(*M. Bossuet. Discours sur l'Histoire Universelle.*)

(8)   S U P R É M A T I E
des lois fondamentales.

C'est une conséquence de la nature des lois constitutives, qu'elles ne sont point subordonnées à l'exercice de L'AUTORITÉ SOUVERAINE, dont elles règlent le cours et décrivent la circonférence.

Voir à ce sujet, les réflexions ci-devant placées *sous la note onzième* de l'avant-propos des autres parts.

(9)   DÉFINITION PHILOSOPHIQUE
du Législateur.

LE LÉGISLATEUR est un juge, c'est un arbitre pour les applications abstraites et générales, comme les juges sont des arbitres pour les applications particulières et personnelles.

Les juges sont l'organe des lois;

(« *Que les Etats-Généraux s'occupent de borner les Juges, par des lois précises, à n'être que les témoins, les dispensateurs de la loi et non ses interprètes.* »

« *Mandat. Bugey. Dourdan. Metz. Rennes. etc....*)

LE LÉGISLATEUR EST L'ORGANE DE LA RAISON.

Les législateurs ne sont que les interprètes et les commenta-

CENTRE DE RÉUNION; (10) MAGISTRAT SU-
PRÊME *en qui réside le point de décision;* (11)
ABSOLU *dans les différentes demandes et remontrances de ses peuples et des Corps qu'il a
créés pour l'ordre politique de son Royaume :* (12)

---

teurs de LA LOI NATURELLE, qui a son principe dans l'essence même des hommes. Ils ne peuvent ni l'abroger ni en
affranchir à perpétuité parce que LE DROIT QUI EN RÉSULTE
EST INALIÉNABLE, IMPRESCRIPTIBLE COMME LA LOI
NATURELLE. Si le Souverain peut en dispenser ou y renoncer
pour un tems, il ne le peut ni pour toujours ni pour son successeur, parce qu'il n'en a que l'usage et l'exercice; et son
successeur ou lui-même, peut y rentrer, lorsque la justice et
les besoins de la société l'exigent. Que si CE DROIT EST
INALIÉNABLE, par la raison qu'il est *essentiel* aux hommes,
et appartenant en commun à la société, nulle possession ne peut
le détruire quelqu'ancienne qu'elle soit.

(10) CONSÉCRATION PHILOSOPHIQUE
 de cette nationale morale législative-constitutive; démontrant
 que le Roi est la source de tout pouvoir politique et civil.

« *Dans la monarchie, un seul gouverne, mais par des
lois fixes et stables, et les plus petits magistrats peuvent y
suivre la loi, parce qu'elle est par-tout connue.* »

« *Les pouvoirs intermédiaires, subordonnés et dépendans,
constituent la nature de ce gouvernement, dans lequel un
seul gouverne par DES LOIS FONDAMENTALES. Ces pouvoirs sont subordonnés et dépendans. Car dans la monarchie,
LE PRINCE EST LA SOURCE DE TOUT POUVOIR POLI-
TIQUE ET CIVIL.* »

(*Esprit des lois.*)

(11) CONSÉCRATION PHILOSOPHIQUE
de cette nationale morale législative-constitutive; démontrant la
 suprématie de la souveraineté du Roi sur tous ses sujets.

Il est indispensable qu'on soit soumis A UNE DÉCISION
SOUVERAINE, et puisqu'on ne peut multiplier les puissances à
l'infini, il faut *nécessairement* s'arrêter A QUELQU'AUTORITÉ
SUPÉRIEURE à toutes les autres qui JUGE EN DERNIER
RESSORT, et qui NE PUISSE ÊTRE JUGÉE ELLE-MÊME.

(12) DÉFINITION PHILOSOPHIQUE
 du gouvernement purement monarchique ou absolu.

Pour ne point trop fatiguer l'attention de mes lecteurs, je

INDIVISIBLE *entre les mains* DU ROI, L'AU-
TORITÉ *lui est confiée pour conserver et ga-*
rantir à chaque individu ses droits et sa pro-
priété, sans aucune atteinte; (13) INALIÉ-

---

placerai, à cause de son étendue, *cette note douzième,* à la
fin du précis de ce Code de Législation française.

C'est la démonstration très-importante, consacrée unani-
mement par les trois Ordres de la Nation française, entre
le gouvernement patriarchal, purement monarchique, abso-
lu, juste et paternel de la monarchie régulière de France,
et le gouvernement arbitraire du despotisme.

(13) CONSÉCRATION PHILOSOPHIQUE
de cette nationale morale législative-constitutive; démontrant
que la souveraineté est indivisible.

LA SOUVERAINETÉ n'a point de parties, ELLE EST UNE,
ELLE EST INDIVISIBLE.

Tout gouvernement où l'autorité seroit partagée entre plusieurs corps ou entre plusieurs chefs indépendans l'un de l'autre, seroit un monstre dans la politique. Le gouvernement de
plusieurs souverains seroit comme un état sans souveraineté, ce
seroit une espèce d'anarchie.

(« *Potentiam apud unum, odium apud omnes adeptus.* »
« *Tacit. Annal. lib.* I. »)

PARTAGER LA SOUVERAINETÉ, C'EST LA DÉTRUIRE.

Il y a une liaison si intime entre les divers objets de la
souveraineté, que les uns ne sçauroient être séparés des autres,
pour être confiés à la vigilance et à l'autorité des diverses personnes indépendantes, qu'il n'en résulte un corps irrégulier, où
l'union des membres n'est formée que par une convention dont
l'effet n'est pas assuré.

Quelques réunis que les magistrats puissent être, par l'amour
commun de la Patrie, et par les vues générales du bien public, comme chacun d'eux n'a d'action réelle qu'à proportion
de son pouvoir particulier, il est bien difficile que tant d'im-
pressions différentes et inégales donnent à tout le corps de
l'état ce mouvement uniforme et régulier qui, par une impulsion
toujours la même, conserve à chaque partie la situation dans
laquelle elle doit être par rapport au tout.

NABLE DE SA NATURE, (14) *il n'est pas plus le maître de s'en départir pour lui et ses successeurs, que de nommer un héritier au trône. »* (15)

(*Mandat. Gien. etc*.............)

« LE RESPECT DU A LA MAJESTÉ ROYALE, *paroît exiger que les lois prennent naissance dans les Etats-Généraux, pour être agréées ou*

---

(14) CONSÉCRATION PHILOSOPHIQUE de cette nationale morale législative-constitutive ; démontrant que la souveraineté est inaliénable.

« *Et sic quantum cumque sit unita (Jurisdictio) castro vel latifundio allodiali, tamen feudalis est, et in feudo recognescenda A REGE, qui non potuit dominium directum, nec jus supremarum appellationum jurisdictionis suæ in totum vel in minimâ parte abdicare, vel appropriare.* »

(*DUMOULIN sur l'article 46 de l'ancienne Coutume de Paris, qui est le* 68ᵉ *de la nouvelle. n. 3.*)

Un autre célèbre jurisconsulte a dit :

« *Quod lex mihi dedit, non tam meâ causâ quam alienâ, frustrà renuntio. »* (*Cujas.*)

« *Qu'il n'est pas permis à une personne de céder un droit que les loix lui donnent, autant pour la considération d'un tiers que pour la sienne. »*

(15) CONSÉCRATION PHILOSOPHIQUE de cette nationale morale législative-constitutive ; constatant que le droit fondamental de nommer un héritier au trône, appartient à la Nation.

C'est un usage antique et sacré parmi nous,
Quand la mort sur le trône étend ses rudes coups,
Et que DU SANG DES ROIS SI CHERS à la patrie,
Dans ses derniers canaux la source s'est tarie,
Le peuple au même instant rentre en ses premiers droits ;
Il peut choisir un maître, il peut changer ses lois.
LES ÉTATS ASSEMBLÉS, ORGANES DE LA FRANCE,
Nomment un Souverain, limitent sa puissance :
Ainsi de nos ayeux les augustes décrets
Au rang de Charles-Magne ont placé les Capets.

(*Voltaire. Henriade. Chant IV*ᵉ.

refusées par LE ROI, *sans qu'il soit néces-saire en aucun cas que* SA MAJESTÉ *explique les motifs de son refus.* » (16)

(*Mandat. Banlieue de Paris. etc.....*)

« *Le pouvoir exéutif appartient tout entier* AU ROI SEUL. » (17) ·

(*Mandat. Paris. etc.........*)

« *Que l'on reconnoisse dans* LA PER-SONNE DU ROI, *la plénitude du pouvoir exécutif, lequel comprend le droit de faire la paix et la guerre, et tous les traités qui y ont rapport, et la disposition de la force pu-blique,* (18) *pour la défense de la Nation et le maintien des lois.* »

(*Mandat. Evreux. etc..........*)

« *Les Etats-Généraux déclareront qu'*AU ROI SEUL *appartient le droit de faire la paix et la guerre, et la disposition et disci-pline de l'armée ; mais qu'il ne pourra par aucun traité, aliéner aucune des Provinces ou*

---

(16) DE L'EQUITÉ
ou justice mitigée des Monarques français.

Pour ne point trop fatiguer l'attention de mes lecteurs, je placerai, à cause de son étendue, *cette note seizième*, à la fin du précis de ce Code de Législation française.

(17) CONSÉCRATION PHILOSOPHIQUE
de cette morale nationale, législative-constitutive ; concernant l'indivisibilité du pouvoir exécutif entre les mains paternelles et bienfaisantes du Roi.

Voir les réflexions politiques, ci-devant faites à ce sujet, et placées *sous la note vingt-neuvième* de l'avant-propos des autres parts.

(18) MAXIME.
Consacrant cette nationale morale législative-constitutive.

« *Parùm tutam majestatem sine viribus esse.* »
(*Tacit.*)

« *La majesté destituée de forces n'est pas respectée.* »

villes

villes du *Royaume sans le consentement des
Etats-Généraux.* » (19)

(*Mandat. Arras. etc*..............)

« LE CHEF D'UNE GRANDE NATION
*doit être revêtu de grands pouvoirs, parce
qu'il faut une puissante force motrice pour
mettre en mouvement une machine aussi compliquée, et une grande autorité coactive pour
empêcher qu'aucun sujet, qu'une partie même
de la Nation, dans des momens de crise, ne
s'élève au-dessus des lois qui est la volonté du
Souverain.* » (20)

(*Mandat. Bugey, etc*...........)

---

(19) CONSÉCRATION PHILOSOPHIQUE
de cette nationale morale, législative-constitutive; démontrant
que le roi ne peut aliéner ses peuples sans leur consentement.

LE ROI ne peut de son autorité, céder le royaume établi
par un consentement volontaire du peuple.

L'aliénabilité entraîneroit avec soi la vénalité, et l'autorité
souveraine s'achèteroit à prix d'argent.

Quel avilissement pour les peuples!

Les Etats ne peuvent se transporter sans l'aveu des peuples,
et les sujets ne sont point des esclaves dont on puisse faire
commerce. Cette puissance souveraine que les princes ont sur
leurs sujets ne peut se résoudre que par un mutuel consentement.

Par la même raison que les sujets ne peuvent dépouiller le
Roi malgré lui de la couronne, lorsqu'ils la lui ont une fois
donnée, les sujets, lorsque le Souverain aliène la souveraineté,
sans le consentement du peuple, ne sont pas tenus de se soumettre à la domination d'un Prince à qui il la cède. Il ne sont
pas obligés de garder à celui qui acquiert le royaume par cette
voie, une foi qu'ils ne lui ont pas donnée.

(20) CONSÉCRATION PHILOSOPHIQUE
de cette nationale morale législative-constitutive ; concernant
le pouvoir coactif entre les mains paternelles et bienfaisantes
du Roi.

Il faut que LE ROI qui a droit de porter les lois ait aussi
le droit de les faire exécuter, sans quoi elles ne seroient que

N

« *Que* SA MAJESTÉ *conserve toujours la* *prérogative si précieuse pour* UN BON ROI

---

des discours de morale, des exhortations à la vertu, à la paix, à la règle, à l'ordre.

« *JUBEAT LEX, NON SUADEAT.* »

(*Senec.*)

Un Athénien remercioit SOLON de ce qu'il avoit donné des lois justes et avantageuses à ses compatriotes.

« *Si je dois être remercié (lui dit* SOLON*,) ce n'est pas de leur avoir donné des lois justes, c'est d'avoir uni intimement la force avec la justice.*

C'EST CE QUI FAIT LE POUVOIR COACTIF.

On appelle de ce nom la contrainte qui peut s'exercer sur les corps et sur les biens, par une force extérieure, LA FORCE COACTIVE qui en peut venir à la voie de fait pour contraindre d'obéir aux lois, le droit qu'a LE SOUVERAIN de contraindre par la force les citoyens à exécuter ses lois, ses édits, ses ordonnances, ses ordres, et d'infliger des peines à ceux qui désobéissent.

(« *Metum vero si quis sustulisset, omnem vitæ diligentiam sublatam fore, quæ summa esset in iis qui leges, qui magistratus, qui paupertatem, qui ignominiam, qui mortem, qui dolorem timerent.* »

« *Cicer. Tuscul. Quæst. Lib.* I. *Cap.* 20. »

« *Si l'on bannit du monde la crainte, on ôtera en même-tems tout attachement à observer les devoirs de la vie. Ceux qui craignent les lois, les magistrats, la pauvreté, l'ignominie, la mort, sont par-là très-portés à s'acquitter de ces devoirs.* »)

Inutilement LE SOUVERAIN seroit-il chargé de pourvoir au besoin public, s'il ne pouvoit y employer les forces et les biens des particuliers. En vain feroit-on des lois, si l'on ne punissoit ceux qui les violent. Puisque la sévérité des peines ne suffit pas pour réprimer entièrement l'injustice, quel en seroit le progrès, si LE SOUVERAIN n'étoit pas en état de punir les contrevenans?

« *Les Lois sont inutiles, dit* LE DROIT ROMAIN*, si l'on ne les faisoit exécuter, si elles ne consistoient que dans l'écriture, et si le Législateur ne leur donnoit la force nécessaire.* »

« *Frustrà prætor in possessionem mitteret, nisi missos*

de pouvoir faire grace; (21) *mais qu'elle*

---

tueretur et prohibentes venire in possessionem coerceret. »
(*Leg.* I. §. I. *ff. ne vis fiat ei qui in possess.*)

« *Quæ enim legum erit utilitas, si in litteris duntaxat, consistant, non etiam per ipsa facta atque opera subditis utilitatem de se præbeant. . . . . »*
(*Novell.* 161 *in princip.*)

LE SOUVERAIN doit agir en maître. Les sujets sont toujours religieux à obéir, lorsque LES PRINCES sont fermes à commander, et la difficulté de l'obéissance vient moins des choses commandées, que de l'indifférence avec laquelle il semble que LE PRINCE les veuille et les ordonne. Cette difficulté a sa source dans la foiblesse DU SOUVERAIN, car il n'y a presque point de différence dans UN PRINCE qui a de la fermeté, entre vouloir fortement, et voir exécuter ce qu'il veut qui le soit; et il n'y en a presque point aussi dans UN PRINCE FOIBLE, entre vouloir foiblement et ne vouloir pas.

Il n'est pas de plus grand inconvénient que celui de laisser sans punition la désobéissance aux lois. La populace se fait craindre si elle ne craint pas, et les plus lâches deviennent hardis, s'ils s'apperçoivent qu'on les craigne.

Les lois ne sont pas lois si elles ne sont pas inviolables. C'est des lois qu'il est écrit, qu'en les violant on ébranle tous les fondemens de la terre, après quoi il ne reste plus que la croûte des empires.

L'attachement aux loix et aux anciennes maximes rend les Etats immortels.

(21) CONSÉCRATION PHILOSOPHIQUE de cette nationale morale législative-constitutive; concernant la clémence à exercer par le Roi.

LE SOUVERAIN qui a le droit de punir, a aussi celui de pardonner, et il est bienséant qu'il pardonne quelquefois.

LA CLÉMENCE des hommes est la vertu qui les approche le plus DE LA DIVINITÉ.

LES SOUVERAINS ont tout à gagner par la clémence, elle est suivie de tant d'amour, ils en tirent tant de gloire, que c'est presque un bonheur pour eux d'avoir occasion de l'exercer.

LE SOUVERAIN qui a la manutention de la loi que lui-même a faite, est obligé d'avoir égard aux circonstances particulières ou extraordinaires des tems, des personnes, de la situation des

soit suppliée de ne jamais étendre sa clémence aux crimes atroces qui font honte à l'humanité, quelque puisse être la naissance du coupable. » (22)

(*Mandat. Labour. etc..........*)

affaires de l'Etat. Rien n'empêche qu'il ne relâche quelquefois légitimement la peine portée par la loi, toute juste qu'elle est. Il ne fait grâce que pour certaines raisons qui n'ont pas toujours lieu, et qui n'ont pas même une application nécessaire à tous ceux qui peuvent commettre le même crime.

Le bien de l'Etat permet, exige même que LE SOUVERAIN fasse grâce comme l'utilité de l'Etat est la vraie mesure des peines que les tribunaux humains décernent, elle demande souvent que l'on fasse grâce à cause du grand nombre des coupables. Le nombre des criminels ne doit servir d'excuse à personne, mais la prudence qu'on doit apporter à gouverner des sujets, exige que la justice qui a été établie pour la conservation de la société, ne soit pas exercée d'une manière qui la détruise.

UN BON PRINCE doit réprimer les vices par la crainte des peines, et punir pourtant le moins qu'il est possible.

C'est quelquefois un effet de miséricorde que de punir, c'est aussi quelquefois une cruauté que de pardonner.

« *Bonis nocet, quisquis pepercerit malis.* »

(22) CONSÉCRATION PHILOSOPHIQUE de cette nationale morale législative–constitutive ; concernant la punition exemplaire des crimes atroces qui font honte à l'humanité, commis par tel sujet que ce soit.

« *Si UN PRINCE DU SANG, dit Dumoulin, commet un crime de lèze-majesté contre la couronne royale, il peut être même avec sa postérité, privé en tous tems du droit de succéder à la couronne.* »

« *Propter crimen læsæ majestatis regiam coronam et rem publicam regni, per aliquem de sanguine regio possèt illo perduellis, etiam cum futurâ suâ posteritate, privari omni tempore et jure futuro in successione regni.* »

(*Carol. Molin. in Tractat. de Consuetud. Paris.*)

APOLOGIE.
de cette morale politique.

« *Nec vero me fugit quam sic acerbum, parentum*

« LE ROI *pourra commuer toutes les peines prononcées en une peine moins sévère, ou faire grâce à son gré par lettres émanées de* SA MAJESTÉ, *et dûment en forme, à l'exception des crimes de lèze-majesté, de péculat et de concussion; mais dans aucun*

---

scelera filiorum pœnis lui; SED HOC PRÆCLARE LEGIBUS COMPARATUM EST, *ut caritas liberorum amiciores parentes, rei publicæ redderet. Itaque Lepidus crudelis in liberos, non is qui Lepidum hostem judicat.* »

(*Cicer. Ep.* 12 *à Brutus.*)

« *J'avoue qu'il est dur de punir les enfans du crime de leurs pères;* MAIS LES LOIS L'ONT SAGEMENT ÉTABLI, *afin que l'amour des pères pour leurs enfans, les rende plus attachés à la patrie. Ainsi c'est Lépide qui a été cruel envers ses enfans, et non celui qui a jugé Lépide en ennemi.*»

Il est des préjugés qu'il faut ménager et respecter, parce qu'ils rentrent dans l'ordre des opinions utiles et fondées : TEL EST LE DESHONNEUR que fait rejaillir, sur quelques membres de la société, la conduite de ceux qui leur sont alliés de plus près; parce qu'il n'est pas juste de donner dans cette société le même rang, ni d'y accorder la considération aux fruits du crime. La mauvaise éducation, la négligence, la mollesse, le peu de fermeté, l'espèce de connivence même des uns, le peu de soins de prévenir et d'arrêter les désordres, deviennent souvent la source du dérèglement des autres, quand ceux-ci leur sont subordonnés. On ne peut nier du moins que la tache dont une famille est menacée ne la rende plus vigilante, plus attentive, plus délicate en fait d'honneur à l'égard de ses principaux membres, que si LE DESHONNEUR ÉTOIT PUREMENT PERSONNEL.

« *Habet aliquid ex iniquo omne magnum exemplum quod contrà singulos utilitate publicâ rependitur.* »

(*Tacit. Annal. Lib.* 14.)

Sic teneros animos aliena opprobria sœpè
Absterrent vitiis. . . . .

(*Horat.*)

« *Rien n'inspire mieux aux jeunes gens l'horreur du vice que le déshonneur d'autrui.* »

*cas, il ne pourra empêcher la prononciation
des jugemens.* »

(*Mandat. Tourraine. etc........*)

« *Que le droit de faire grâce, la plus belle,
la plus touchante prérogative de la couronne,
celle qui est sans doute la plus chère* AU ROI
QUI NOUS GOUVERNE, *lui soit conservée dans
la plus grande étendue,* (23) *à l'exception*

---

(23) Quelle confiance filiale et respectueuse de la part des
trois Ordres de la Nation française, dans la bonté, dans l'équité,
dans la justice, dans la sagesse éclairée de LEUR AUGUSTE
SOUVERAIN!

NATION AIMANTE, SENSIBLE et RECONNOISSANTE, con-
servez-la éternellement pour votre bonheur, pour votre splendeur immortelle.

QUEL MONARQUE, dans l'univers, mieux que LOUIS XVI,
s'est plus constamment, plus paternellement occupé du bonheur
de la Nation française, de tous ses fidèles sujets?

ROI SENSIBLE et HUMAIN, qui a supprimé la question et
les cachots sous-terreins.

MONARQUE BIENFAISANT, qui a aboli les corvées, la
servitude personnelle, ainsi que l'arbitraire dans la répartition
de la Taille.

SOUVERAIN MAGNANIME et GÉNÉREUX, qui a détrui la
féodalité dans ses domaines.

(« *Tous les serfs et main-mortables seront affranchis dans
les domaines des Seigneurs, comme ils le sont déjà dans les
domaines du Roi, par l'Edit du mois d'Août* 1779. »

« *Mandat. Ordre du Tiers-Etat. Rennes. etc....*)

FRANÇAIS, Ô MES COMPATRIOTES!

Proclamons hautement, tel que nous l'avons fait avec tant
de justice,

(Voir les décrets patriotiques, *rapportés sous la note vingt-
huitième* de l'avant-propos des autres parts.)

« *Que* NOTRE ROI, NOTRE PÈRE, *soutient seul le poids
de l'Empire français; qu'il le défend par ses armes, qu'il
le règle par ses lois bienfaisantes; et qu'il l'honore par ses
mœurs.* »

« *Pour vous* LOUIS XVI, *nous vous rendons les hom-*

seulement pour les crimes de trahison, de pré-
varication et de concussion, qui seront pour-
suivis à la requéte des Etats-Généraux. »

(*Mandat. Troyes. etc.* ....)

« UN ROI *n'ayant d'autre intérêt que celui*
du bonheur de son Peuple et de la prospérité
de l'Etat, (24) *ses fautes doivent être im-*

---

mages qui vous sont dus ; nous dressons des autels pour y
attester votre nom ; confessant hautement que jamais on
n'a vu, et que jamais on ne verra rien qui vous soit com-
parable. »

> *Cum tot sustineas et tanta negotia solus,*
> *Res italas armis tueris, moribus ornes,*
> *Legibus emendes.* . . . .
> *Præsenti tibi matutos largimur honores,*
> *Jurandasque tuum per nomen ponimus aras,*
> *Nil oriturum aliàs, nil ortum tale fatentes.*

(*Horat. Ep.* 1. *lib.* 2.)

(24) CONSÉCRATION PHILOSOPHIQUE
de cette nationale morale législative-constitutive; démonstrative
de l'unité, de l'identité des augustes et sacrés intérêts du
Roi et de son peuple.

« *Unus tu in quo et res publica et nos sumus.* . . . . *Nec*
magis sine te nos esse felices quam tu sine nobis potes. »

(*Panœgyr. Trajan. pag.* 208.)

« *Tout prospère dans un Etat où l'on confond les intérêts*
de l'Etat avec ceux du Prince. »

(*De la Bruyère.*)

Quoiqu'on puisse distinguer l'Etat d'avec le Souverain, leurs
intérêts sont *essentiellement* les mêmes, et toute distinction
à cet égard est insensée et pernicieuse. Malheur aux princes
et aux sujets qui en font quelqu'une!

LES PRINCES rentreroient dans l'obscurité d'une condition
privée, s'ils se renfermoient dans les bornes d'un intérêt personnel. Ils ne doivent pas avoir des vues moins étendues que
leurs états ; ils sont à tous parce que tout leur est confié ; ils
ne sont plus à eux-mêmes, parce qu'il n'est pas possible de
les séparer du corps dont ils sont L'AME; ils sont unis à l'Etat
si étroitement, qu'on ne peut plus discerner ce qui est à eux,
d'avec ce qui est à lui. L'on trouveroit plutôt une différence

putées aux perfides conseils des agens subal-
ternes qu'il est forcé d'employer : (25) *eux*

---

d'intérêt entre la tête et le corps humain, qu'entre le Souverain et l'Etat.

« *Tu caput Rei publicæ es, illa corpus tuum.* »
(Senec. Lib. 1. de Clement. cap. 3.)

De quoi LE PRINCE est-il le chef, s'il n'a point de corps ? Et quel corps peut-il avoir s'il s'en sépare, s'il n'y est uni par des liens extérieurs, et s'il n'y répand le mouvement et la vie ?

Il n'y a rien qui soit étranger AU PRINCE dans l'Etat, rien qui doive lui être indifférent. Le sujet le plus éloigné et le plus foible lui est inséparablement uni. Le pied à quelque distance qu'il soit de la tête, lui est précieux et n'en peut être négligé.

« *Non potest dicere caput pedibus : non estis mihi neces-*
sarii. » (1 *Corint. cap.* 12, *v.* 21.)

Tout ce qui est aux sujets, aussi bien que les sujets mêmes, fait partie de ce qui est confié à la sensibilité, à l'attention, à l'autorité du chef de l'Etat.

« *Nemo Regi tam vilis sit ut illum perire non sentiat.* »
(Senec. Lib. 1. de Clement. Cap. 16.)

La distinction qu'un citoyen fait entre l'intérêt du Souverain et celui de l'Etat, ne sert qu'à aliéner du Souverain l'affection du peuple. Quel crime n'est-ce pas de priver un Prince de ce qui doit faire son plus ferme appui ?

« *Unum est inexpugnabile munimentum amor civium.* »
(Senec. Lib. 2. de Clement.)

Ceux qui pensent servir l'Etat autrement qu'en servant le Prince et en lui obéissant, sont, sans le sçavoir et sans le vouloir, les ennemis du Prince et de l'Etat, en ce qu'ils s'attribuent une partie de l'autorité souveraine, en ce qu'ils troublent le repos public et le concours de tous les membres avec LE CHEF.

Combien n'est-on pas coupable, en divisant sacrilégement les intérêts DU SOUVERAIN AVEC L'ETAT, de priver une Nation de l'affection de CELUI que LA PROVIDENCE A ÉTABLI pour la rendre heureuse !

(25) CONSÉCRATION PHILOSOPHIQUE
de cette nationale morale législative-constitutive ; démonstrative de l'impéccabilité politique du Roi.

« *LE ROI, dit un auteur anglais, ne peut jamais errer,*

seuls

seuls peuvent avoir des intérêts particuliers militant contre l'intérêt public, et favoriser les uns au détriment de l'autre ; eux seuls doi-

---

ni faire tort à personne, et la faute et la peine retombent ordinairement, et doivent en effet retomber sur leurs minis- tres et leurs conseillers, qui sont obligés de donner leurs avis aux Princes, de lui refuser leur obéissance lorsqu'il exige des choses injustes, et de renoncer plutôt à leurs charges que d'obéir au Souverain qui ordonne quelque chose de con- traire aux lois. (*)

(*Georg. Batteus. Elench. Motuum anglic. Pars* I. *pag.* 8 *et* 9.)

(*) Définition philosophique
de l'obéissance due au Souverain.

Il est une distinction nécessaire *entre l'obéissance active et l'obéissance passive.*

L'obéissance active, consiste :

A faire ce que le Souverain commande ; elle rend mi- nistre de l'action.

L'obéissance passive, consiste :

A souffrir ce qu'on ne peut empêcher ; elle ne rend pas ministre de l'action.

L'obéissance active n'est pas toujours due ; elle ne le seroit pas, par exemple, si LE PRINCE faisoit des commandemens contraires A LA LOI DE DIEU, ou A LA LOI NATURELLE ; mais l'obéissance passive est indispensable dans tous les cas.

Comme il y a *deux sortes d'obéissances,* il y a de même *deux sortes de désobéissances,* l'active et la passive.

La désobéissance active, consiste :

A agir contre les ordres du Souverain, et elle est crimi- nelle.

La désobéissance passive, consiste :

A ne pas agir, et elle est quelquefois légitime.

C'est ce que je vais faire entendre.

LA RELIGION et LES MINISTRES qui l'enseignent, ne prêchent point *l'obéissance passive* dans le sens odieux et per- vers qu'on doive être l'instrument des injustices du prince et de ses ministres, en faisant ce qu'ils pourroient ordonner de criminel et d'injuste.

Plutôt mourir alors victimes tout-à-la-fois DE LA FI-

O

*vent donc être responsables des attentats qui
ne sont que trop souvent revétus* DU NOM
SACRÉ DU ROI. (26)
(*Mandat. Bugey. etc............*)

*DÉLITÉ QU'ON DOIT AU SOUVERAIN, et DES LOIS QU'UN
PLUS GRAND MAITRE NOUS IMPOSE.*

Mais ils la prêchent dans le sens, qu'il faut souffrir sans
révolte, des maux qu'on n'a pas le droit de repousser par la
rébellion.

*On sçait les traits généreux et magnanimes DU COMTE
DE TENDE, en Provence ; DU MARQUIS DES GORDES,
en Dauphiné ; DE CHABOT-CHARNY, en Bourgogne ; DE
SAINT-ERAN, en Auvergne ; DU VICOMTE D'ORTE, à
Bayonne ; etc.......)*

Qui, sans manquer au respect qu'ils devoient AU ROI, trou-
vèrent les voies de ne pas exécuter un commandement qu'ils
croyoient bien moins *de la volonté* DE SA MAJESTÉ *que de
la passion de ceux qui vouloient porter sous son nom, leurs
vengeances à de si cruelles extrémités.*

C'est ainsi que fera toujours agir LE VÉRITABLE ESPRIT
DE LA RELIGION.

EXEMPLE PRATIQUE
consacré par l'applaudissement et l'éloge de tous les siècles.

Voir à ce sujet, *la note cinquante-quatrième* de l'avant-
propos des autres parts.

(26) CONSÉCRATION ROYALE
de la responsabilité salutaire des Ministres et autres dépositaires
de l'exercice du pouvoir souverain.

« *Si quis est, dit CONSTANTIN, qui se in quemcumque
judicum, comitum, amicorum, vel Palatinorum meorum
aliquid veraciter probare posse contendit, quod NON IN-
TEGRÈ atque JUSTE GESSISSE videatur ; intrepidus et se-
curus accedat ; ipse audiam omnia, ipse cognoscam ; et si
fuerit comprobatum, ipse me vindicabo de eo, qui me usque
ad hoc tempus SIMULATA INTEGRITATE deceperit : illum
autem qui hoc prodiderit et comprobaverit et dignitatibus et
rebus augebo. Ità mihi SUMMA DIVINITAS PROPITIA
SIT.* »   (*Cod. Theodos.*)

LA RESPONSABILITÉ des ministres et de tous commissaires

« *Que* LA PERSONNE DU ROI SOIT

du Roi, (*ainsi que les trois Ordres de la Nation française l'ont très-judicieusement consacré*) ne doit pas se mesurer sur les plaintes dont les Etats retentissent contre ceux qui sont à la tête des affaires.

(« *Que les Ministres, commandans et autres commissaires du Roi, soient responsables à la nation, des notables abus d'autorité et de confiance ; mais que pour prévenir les abus trop fréquens que la jalousie et l'insubordination pourroient faire de cette prise à partie, les dénonciations ne puissent être admises qu'autant qu'elles auront été présentées par les Etats provinciaux aux Etats-Généraux, et qu'elles auront été adoptées par ceux-ci, et par eux dénoncées A LA PUISSANCE COERCITIVE DE LA COUR DES PAIRS, auquel cas le Procureur-Général sera tenu de poursuivre l'instruction.* »

« *Mandat. Clermont-Ferrand. Paris. Melun et Moret.*
Mantes et Meulan. etc......)

Il est impossible qu'en ne voulant pas trahir leurs devoirs, ils ne fassent beaucoup de mécontens.

L'injustice enchaînée et réprimée, a souvent poussé des cris plus violens que l'innocence opprimée.

Ces cris trouvent d'innombrables échos pour les répéter, et pour l'ordinaire L'HOMME D'ETAT est forcé de se résigner à n'être vengé qu'après sa mort, des calomnies, des outrages, de l'oppression dont on le charge pendant sa vie ; encore n'est-ce-là qu'une espérance pour L'HOMME D'ETAT, selon la remarque de M. DE MONTESQUIEU.

« *Les places que la postérité donne, étant sujettes, comme les autres, aux caprices de la fortune, malheur, ajoute-t-il, à la réputation de tout Prince, ou de tout homme, qui a seulement tenté de détruire un préjugé qui lui survit.* »

(*Esprit des Lois.*)

Fortuna sœvo læta negotio, et
Ludum insolentem ludere pertinax,
Transmutat incertos honores.

(*Horat. Od.* 23. *lib.* 23.)

« *La fortune qui se plaît aux scènes tragiques, et qui*

*n'est constante que dans ses jeux cruels, promène selon ses
caprices les honneurs incertains.* »

(27) CONSÉCRATION PHILOSOPHIQUE
de cette nationale morale législative-constitutive; concernant
l'inviolabilité de la personne du Roi.

MAXIME.

*REGE INCOLUMI mens omnibus una est
. . . . AMISSO rupere fidem.*

(*Virgil.*)

Comme aux yeux du chrétien fidèle, ce n'est point *le hazard*
qui distribue les rangs, qui distingue les conditions, qui gouverne les sociétés et les hommes, qui établit l'ordre et le maintient dans l'univers; ce n'est pas lui non plus, ce n'est point
un aveugle choix, qui fait NOS CHEFS et NOS MAITRES. C'est
une disposition secrète de la Providence D'UN ETRE SU-
PRÊME, qui, arbitre de nos destinées, veille sur les Nations,
et nomme, dans sa clémence ou dans sa colère, ceux qui doivent
régner sur elles. SOUVERAIN DISPENSATEUR de toute autorité, *toute puissance*, *dit* L'APÔTRE, *vient de lui seul*,
c'est donc à DIEU que résiste celui qui résiste AU LÉGITIME
POUVOIR; et LE PRINCE, dût-il, hélas! en abuser, ce n'est
point au citoyen à s'en plaindre, ni au sujet à l'en punir. Alors,
que LE MONARQUE tremble sur son trône, tandis que le
peuple souffre et lui reste soumis; il a UN JUGE qui l'a lui-
même soumis à la loi, *et qui s'en est déclaré le vengeur :*
il a UN JUGE AU CIEL; *mais il seroit trop dangereux qu'il
en eût un sur la terre.*

Aussi quelle a toujours été la conduite *des vrais disciples*
de JÉSUS-CHRIST à l'égard DES CHEFS qu'il a plu AU CIEL
de leur donner? Dans les beaux jours DU CHRISTIANISME,
dans ces siècles où des Chrétiens sans nombre remplissoient déjà
les provinces de l'empire romain, la capitale, le sénat, le palais des empereurs,
(*Voyez l'hist. rom. de Laurent Echard, tom. 5, pag.* 316.)
et par-tout étoient persécutés; que sçavoient-ils? OBÉIR. Et
s'ils ne le pouvoient, sans manquer A DIEU-MÊME, que sçavoient-ils encore? BÉNIR, SOUFFRIR et MOURIR.

TEL EST L'ESPRIT DE L'EVANGILE; *et la Raison, la*

et quiconque portera atteinte à ses droits par écrit, parole, ou autrement, soit déclaré cou-pable DU CRIME DE LÈSE-MAJESTÉ ET NA-

---

raison la plus pure vient à l'appui DE CES SAINTES MAXIMES.

> (. . . . *Le vrai courage est de sçavoir souffrir,*
> *Non d'aller exciter une foule rebelle,*
> *A lever sur son Prince une main criminelle.*
> *Je rougirois de moi, si craignant mon malheur,*
> *Quelques vœux pour sa mort avoient surpris mon cœur,*
> *Si j'avois un moment souhaité ma vengeance,*
> *Et fondé sur sa perte un reste d'espérance. »*
>
> « *Voltaire.*)

Que seroit-ce en effet qu'un Etat, où chaque particulier se croiroit en droit DE JUGER L'AUTORITÉ; où le peuple même au gré de ses passions et de ses caprices, au gré *de l'interêt et de l'ambition* de quelques-uns de ses membres, au gré de la séduction et de l'imposture, se croiroit autorisé A CHANGER SES CHEFS et SES LOIS, A BRISER LE SCEPTRE dans les mains de celui à qui il appartient de le porter, à réclamer en sa faveur UN PACTE PRIMORDIAL, qui, pour de tels excès du moins, n'a jamais existé.

Quels pactes, au reste, quelles conventions ont prétendu faire, dans l'origine des sociétés et des empires, les pères avec leurs enfans; les conquérans avec des ennemis vaincus et asservis par les lois de la guerre; des soldats heureux, des héros de l'ancien tems avec ces mêmes hommes qui imploroient leur appui et qui couronnoient leur valeur; des hommes vertueux, reconnus pour Rois dans des premiers transports d'admiration, de re-connoissance, et avec une confiance qui ne permettoit pas même de pressentir les abus du pouvoir? Eh! quand on les auroit prévus, ne devoit-on pas prévoir en même tems les dangers du soulèvement et tous les maux qu'entraine la rébellion?

Parmi les tyrans mêmes, qui ont usurpé des droits que la constitution de l'Etat ne leur donnoit pas, quels Princes ont plus fait gémir l'humanité que LES CALIGULA, LES NÉRONS, LES DOMITIENS? Et cependant qu'on oppose aux grands maux qu'ils ont faits ceux que LES ROMAINS se sont faits à eux-mêmes, toutes les fois qu'ils se sont livrés à la fureur des partis,

TIONALE, *et comme tel puni des peines les plus sévères.* »

(*Mandat. Auxerre. Paris. Bourbonnois. etc.........*)

---

qu'ils ont ensanglanté l'Empire par des guerres civiles, et qu'ils se sont élevés CONTRE LEURS CHEFS, *sous le spécieux prétexte de reprendre leur liberté !*

FIN

DU PRÉCIS DE CE CODE DE LÉGISLATION FRANÇAISE.

NOTE DOUZIÈME, ci-devant mentionnée dans le cours des Réflexions ultérieures, des autres parts.

DISTINCTION TRÈS-IMPORTANTE
Consacrée unanimement par les trois Ordres de la Nation Française,

ENTRE

Le Gouvernement patriarchal, purement monarchique, absolu, juste et paternel de la Monarchie régulière de France, et le Gouvernement arbitraire du Despotisme.

« *On entend par pouvoir suprême, cette autorité raisonnable, fondée sur les lois mêmes et tempérée par elles* (*), *cette autorité juste et modérée qui ne peut sacrifier la liberté et la vie d'un citoyen à la méchanceté d'un flatteur, qui se soumet elle-même à la justice, qui lie inséparablement l'intérêt de l'Etat à celui du Trône, qui fait d'un royaume* UNE GRANDE FAMILLE GOUVERNÉE PAR UN PERE. *Celui qui donneroit une autre idée de la Monarchie seroit coupable envers le genre humain.* »

L'Asie a ses tyrans; mais LA FRANCE A DES ROIS.
(Voltaire.)

LE GOUVERNEMENT ABSOLU est un ouvrage de raison et d'intelligence. Il est subordonné A LA LOI DE DIEU, A LA JUSTICE et AUX LOIS FONDAMENTALES de l'Etat.

LE POUVOIR ABSOLU doit être réglé par la raison, *il*

(*) Qu'y a-t-il en effet de si digne de la souveraine puissance que de se conformer aux lois qu'elle a prescrites ?

« *Digna vox est majestatis regnantis legibus alligatum se principem profiteri, adeo de autoritate juris nostra pendet autoritas, et re verâ majus imperio est submittere legibus principatum est oraculo præsentis edicti. Quod nobis licere non patimur, aliis indicamus.* »
(Leg. IV. Cod. de Legib. et Constitut. Princip.)

« *Licet enim lex solemnibus juris imperatorem solverit, nihil tam proprium imperii est quam legibus vivere.* »
(Leg. 3. Cod. de Testam.)

C'est ainsi que LE MONARQUE DEVIENT L'IMAGE DU TOUT-PUISSANT, et qu'il peut faire du pouvoir suprême un usage plus auguste que ce pouvoir même. LES PRINCES

n'est point arbitraire, et il n'est appelé *absolu* que par la contrainte qu'il peut exercer envers tous les sujets; et parce qu'il n'y a aucune puissance capable de forcer LE SOUVERAIN QUI EST INDÉPENDANT de toute autorité humaine.

Il en est *du pouvoir absolu* DU SOUVERAIN dans les sociétés civiles, *comme de la liberté absolue* de chaque homme dans l'état de nature.

Dans l'état de nature, LA LIBERTÉ ABSOLUE de chaque homme, consiste :

À conduire ses biens et ses affaires, sans être obligé de consulter personne et sans aucune autre obligation que de se conformer A LA LOI NATURELLE.

Dans les sociétés civiles, LE POUVOIR ABSOLU DU SOUVERAIN, consiste :

Dans le droit de gouverner le peuple au gré de sa prudence, sans être obligé à autre chose que de conformer ses commandemens A LA RAISON.

Les vices prennent souvent la teinture des vertus.

La profusion ressemble par quelques traits à la libéralité; la témérité, au courage; la lenteur, à la prudence.

Il en est de même DU POUVOIR ARBITRAIRE, par rapport AU POUVOIR ABSOLU; il en imite l'élévation, la dépendance, la force; mais il n'a rien *de tout ce qui tempère* LE POUVOIR ABSOLU, *et le rend salutaire en le soumettant aux lois* (*) *et à l'équité.*

---

tiennent une conduite glorieuse pour eux et utile pour le Gouvernement, lorsqu'ils observent leurs propres lois. L'équité naturelle, l'honnêteté publique, la nécessité de l'exemple l'exigent.

Qu'on ne croye pas que ce que je dis ici dégrade LES PRINCES. Il y a bien de la différence entre être lié par la loi et se gouverner selon la loi. La sujétion à la loi montre le défaut de puissance en celui que la loi assujettit; le Gouvernement conforme à la loi, n'est que l'effet de la volonté de celui qui gouverne.

L'obéissance aux lois est dans les sujets un hommage rendu A L'AUTORITÉ; *dans* LE SOUVERAIN, *c'est un hommage rendu* A LA JUSTICE.

(*) C'EST LA LOI QUI DOIT GOUVERNER LES HOMMES. *Otez aux administrateurs cette mesure commune, cette règle de leurs jugemens, il* N'Y AURA PLUS DE DROIT, PLUS DE SURETÉ, NI DE LIBERTÉ CIVILE. *Dès-lors on ne verra qu'une foule de décisions contradictoires, que des réglemens passagers qui s'entre-choqueront; que des ordres*

Les

Les quatre marques à quoi l'on peut reconnoître LE POU-
VOIR ABSOLU, le distinguent DU POUVOIR ARBITRAIRE.

1°.

Les personnes sont libres.

2°.

La propriété des biens est légitime et inviolable.

3°.

Le souverain ne peut disposer de la vie de ses sujets, que
selon l'ordre de la justice qui est établi dans l'Etat.

4°.

Il y a des conventions dans le Gouvernement absolu entre
le Prince et le Peuple, et ces conventions se renouvellent par
serment au sacre de chaque Roi. (*)

---

qui, FAUTE DE MAXIMES FONDAMENTALES *n'auront aucune liaison entre eux. Si l'on déchiroit le corps des lois,
dans l'Empire même le mieux constitué par sa nature, on
verroit bientôt que ce n'est pas assez d'être juste pour se
bien conduire. La sagesse des meilleures têtes n'y suffi-
roit pas. Elles n'auroient pas toutes le même esprit, et
que l'esprit de chacune ne seroit pas dans la même situation,
l'état ne tarderoit pas à être renversé.* LES LOIS ET LES
LOIS SEULES DOIVENT RÉGNER. *Cette règle universelle
n'est pas un joug pour le citoyen, mais une force qui le
protége, une vigilance qui assure sa tranquillité. Il se croit
libre; et cette opinion qui fait son bonheur, décide de sa
soumission. Les fantaisies arbitraires d'un administrateur
inquiet et entreprenant viennent-elles* A RENVERSER CET
HEUREUX SYSTÈME; *les peuples qui, par habitude, par
préjugés, par amour-propre, sont assez généralement por-
tés à regarder le Gouvernement sous lequel ils vivent comme
le meilleur de tous, perdent une illusion que rien ne peut
remplacer. »*

(G. T. Raynal. Hist. Philos. Pol.)

(*) « *Que pour rendre plus imposantes les lois des français, il soit rédigé une formule uniforme et invariable du
serment que les Rois doivent prêter à leur sacre.* »

« *Par ce serment, ils jureront en présence des Etats-
Généraux, d'observer l'acte déclaratoire, dont un double
sera déposé dans le trésor de l'église de Saint Remy de
Reims, et leur sera présenté avec autant d'appareil que
la Sainte Ampoule.* »

« *Par ce serment,* LE MONARQUE *sera formellement*

P

Il y a des lois, et tout ce qui se fait contre leurs dispositions est nul de droit : on peut toujours revenir, ou dans d'autres temps, ou en d'autres occasions, sur ce qui s'est fait au préjudice de ces loix dont la vigilance et l'action contre les injustices sont immortelles. (*)

---

engagé à PROTÉGER LA RELIGION CATHOLIQUE, APOSTOLIQUE et ROMAINE, à employer également tout son pouvoir et tous ses moyens POUR LA MAINTENIR DANS TOUTE SA PURETÉ. (**)

« Enfin par ce serment, LA CONSTITUTION DU ROYAUME DOIT ÊTRE ENTIÉREMENT GARANTIE. »

(Mandat. Paris. etc. . . . .)

(**)   PROSPÉRITÉ NATIONALE.
Résultant infailliblement du maintien salutaire et consolant de la Religion dans toute sa pureté.

« TESTIMONIUM DOMINI FIDELE, SAPIENTIAM PRÆSTANS PARVULIS. »

(Psalm. 18.)

Il n'y a que LA RELIGION qui puisse former avant l'âge : TEL EST SON CHEF-D'ŒUVRE, elle supplée à l'expérience, et donne à la jeunesse une sagesse prématurée.

La pureté des mœurs qui forme une des brillantes prérogatives des enfans DE L'EVANGILE, donne à l'âme un nouvel essort qui assure le succès des études, tandis que la débauche et les excès abbaissent et avilissent l'esprit des hommes profanes.

« Corpus enim quod corrumpitur, animam aggravat. »
(Sapient. I X.)

. . . . Nous marchons d'abîmes en abîmes.
C'est-là votre partage, amours illégitimes.
(Voltaire.)

CONSÉCRATION ROYALE PATERNELLE
de cette sublime et religieuse morale nationale.

« Le Monarque, pour me servir ici des paroles de M. LE DAUPHIN, PÈRE DE LOUIS XVI, doit s'appliquer dans ses Etats, comme un père de famille, à entretenir et à augmenter dans ses sujets, L'AMOUR POUR LA RELIGION. »
(Vie du Dauphin.)

(*)   CONSÉCRATION NATIONALE
du despotisme salutaire de la loi.

« L'objet des lois est d'assurer la liberté et la pro-

Telle est, pour le dire en un mot, la différence de l'état de liberté où vivent les sujets sous UN GOUVERNEMENT PATRIARCHAL, ABSOLU, JUSTE et PATERNEL, tel que celui des Monarques Français, et de l'état de servitude où les esclaves gémissent sous UN GOUVERNEMENT DESPOTIQUE.

Qu'un esclave exécute des commandemens dont la fin est l'intérêt de son maître; au lieu qu'un sujet qui obéit à SON SOUVERAIN, le fait pour le bien public, et par conséquent pour le sien, de la même manière qu'un enfant obéit pour lui en obéissant à son père.

DANS LE DESPOTISME, il n'y a pas de citoyens; c'est un maître qui fait obéir des esclaves.

DANS LE GOUVERNEMENT PATRIARCHAL, ABSOLU, JUSTE et PATERNEL, tel que celui des Monarques français, c'est UN ROI, c'est UN PÈRE qui commande à des enfans.

LE DESPOTISME est comparable à un gouffre, où vont se perdre toutes les facultés des sujets, qui sont soumis à cette forme monstrueuse de gouvernement.

---

priété; leur perfection est d'être humaines, justes, claires, précises, et générales, d'être assorties aux mœurs et au caractère national, de protéger également les citoyens de toutes les classes et de tous les ordres; de frapper également sans distinction de personne sur quiconque viole l'ordre public et le droit des individus. »

(Mandat. Paris. etc. . . . .)

« Qu'il soit statué que tous les citoyens de quelqu'étendue de pouvoir qu'ils soient revêtus, doivent également dépendre de l'autorité de la loi et de la jurisdiction des tribunaux. »

(Mandat. Mantes et Meulan. etc. . . . . .)

« Que les lois soient clairement énoncées, et qu'on avise aux moyens les plus propres à en assurer l'exécution dans toute l'étendue du Royaume. En sorte, qu'aucun quelque soit sa naissance et son crédit ne puisse les enfreindre avec impunité. »

(Mandat. Labour. etc. . . . .)

MAXIME.

« LA LOI n'est rien si ce n'est pas un glaive qui se promène indistinctement sur toutes les têtes, et qui abbat ce qui s'élève au-dessus du plan horisontal sur lequel il se meut. LA LOI ne commande à personne ou commande à tous : devant LA LOI, ainsi que devant DIEU, tous sont égaux. »

(G. T. Raynal. Hist. Philos. Polit.)

La nature affligée d'une constitution aussi injuste et cruelle, s'attache à se venger de ceux qui l'ont établie, sur ceux qui en ont succé les funestes principes

Point de Gouvernement en effet qui soit plus sujet aux révolutions, point de Souverain qui, à chaque instant, soit plus près de sa chûte que le Despote.

C'est un être insatiable qui dévore toute la substance de l'Etat et ne la digère jamais; ne tenant qu'à lui, pour le seul amour de lui-même, il se trouve seul dans les événemens malheureux. Aucun sujet n'est attaché à lui par la communication de son autorité, ainsi tous l'abandonnent, lorsque le sort lui fait éprouver ses caprices. Monté sur le trône par sa seule autorité, il en tombe sans qu'on soit touché de sa chûte, il chancelle sans cesse, parce qu'il n'a point d'appui.

LE MONARQUE, au contraire, dépositaire de toute l'autorité, la divise et la sous-divise; et par une circulation sage, la rapporte à lui, comme à un centre d'où elle est partie.

C'est ainsi que LE MONARQUE, en communiquant son autorité, se fait des sujets intéressés à la tranquillité de son règne, par des vues particulières, qui influent avantageusement sur le bien général de l'Etat.

QUEL CONTRASTE entre LE GOUVERNEMENT PATRIARCHAL, ABSOLU, JUSTE et PATERNEL d'une Monarchie régulière, telle que la France, et LE GOUVERNEMENT ARBITRAIRE DU DESPOTISME!

L'unité de la personne du Souverain dans l'Etat monarchique et dans le despotisme, pourroit induire à erreur, en supposant quelqu'analogie entre ces deux gouvernemens, et par une sorte de reflet la triste teinte du second auroit noirci le premier.

Le meilleur citoyen, comme le plus éclairé, LE GRAND MONTESQUIEU, (*) *devoit donc ainsi qu'il l'a fait par son sublime et immortel ouvrage de l'ESPRIT DES LOIS*, (**)

_____

(*) MAXIME.

« *Nemo vir magnus, sine aliquo afflatu divino unquam fuit.* »
(*Tull.*)

« *Il n'y a jamais eu de grand homme sans quelqu'espèce d'enthousiasme et d'inspiration.* »

(**) APOLOGIE PHILOSOPHIQUE
de l'Esprit des Lois.

« *L'Esprit des Lois parut, l'horison du génie fut aggrandi.* »
(*G. T. Raynal. Hist. Philosoph. polit.*)

M. DE MONTESQUIEU s'est particulièrement attaché à montrer la raison de ce que l'on a fait.

La principale clef du livre de l'Esprit des Lois, *ou de la*

expliquer si clairement la nature de l'une et l'autre constitution, que l'affection pour l'une, s'accrût en raison de l'éloignement et de l'aversion pour l'autre.

« *DANS L'ÉTAT DESPOTIQUE*, *un seul*, *sans loi*, *sans règle*, *entraîne tout par sa volonté*, *et par ses caprices*. *Dans ce gouvernement*, *le pouvoir passe tout entier dans les mains de ceux à qui* LE DESPOTE *le confie*. *Le Visir est le despote lui-même*, *et chaque officier particulier est le Visir. Dans ce gouvernement, l'autorité ne peut être balancée*; *celle du moindre magistrat ne l'est pas plus que celle du despote. Dans ce gouvernement, la loi n'est que la volonté du Prince. Quand le Prince seroit sage, comment un magistrat pourroit-il suivre une volonté qu'il ne connoît pas? Il faut qu'il suive la sienne dans ce gouvernement, la loi n'étant que ce que le Prince veut, et le Prince ne pouvant vouloir que ce qu'il connoît, il faut qu'une infinité de gens veuillent pour lui, non moins absolument que lui. Enfin la loi, dans ce gouvernement, étant la volonté momentanée du Prince, il est nécessaire que ceux qui veuillent pour lui, veuillent subitement comme lui.* ».

(*Esprit des Lois*.)

Au contraire, dit M. DE MONTESQUIEU.

« *DANS LA MONARCHIE, un seul gouverne, mais par des lois fixes et stables, et les plus petits magistrats peuvent y suivre la loi, parce qu'elle est par-tout connue. Les pouvoirs intermédiaires, subordonnés et dépendans, constituent la nature de ce gouvernement, dans lequel un seul gouverne par des lois fondamentales. Ces pouvoirs sont subordonnés et dépendans; car dans la Monarchie,* LE

---

plus sublime production politique qu'ait enfantée l'esprit humain, est CETTE MAXIME:

« *LE SALUT DU PEUPLE EST LA SUPRÊME LOI.* »

CE GRAND et IMMORTEL OUVRAGE, rentre tout entier dans cette maxime; c'est l'idée générale qu'en a dû prendre quiconque se flatte de l'avoir compris, et d'avoir saisi l'enchaînement de toutes ses parties.

> *Quod nec Jovis ira, nec ignis*
> *Nec poterit ferrum, nec edax abolere vetustas.*

(*Ovid. Metamorph.* XV.)

> *Ouvrages de l'esprit, non rien ne peut vous nuire,*
> *Ni les vents, ni les eaux, ni le feu, ni le fer,*
> *Ni la foudre de Jupiter;*
> *Le temps qui détruit tout, n'osera vous détruire.*

PRINCE EST LA SOURCE DE TOUT POUVOIR POLITIQUE ET CIVIL. (*)

(Esprit des Lois.)

QUEL CONTRASTE entre LE GOUVERNEMENT PATRIAR-CHAL, ABSOLU, JUSTE et PATERNEL d'une monarchie ré-gulière, telle que la France, et LE GOUVERNEMENT ARBI-TRAIRE DU DESPOTISME!

C'est ainsi qu'un profond et judicieux observateur assez heu-reusement né pour pénétrer d'un coup de génie le fond des constitutions politiques, a sçu découvrir et faire appercevoir les différences essentielles et les caractères opposés DU GOUVER-NEMENT ABSOLU et DU GOUVERNEMENT ARBITRAIRE.

(*) CONSÉCRATION NATIONALE de cette bien précieuse et salutaire morale législative-constitu-tive; démontrant que le Roi est la source de tout pouvoir politique et civil.

« *Toute espèce de pouvoirs que LE ROI a confiée à des particul-liers ou à des Corps, doit être regardée comme portion du sien, et nul ne peut prétendre, par un long usage, se l'arroger et se le re-garder comme propre.* »

(Mandat. Château-Thierry, etc......)

NOTE SEIZIÈME, ci-devant mentionnée dans le cours des Réflexions ultérieures, des autres parts.

DÉMONSTRATION HISTORIQUE
de l'équité, justice mitigée, ou de la déférence paternelle et bienfaisante des Monarques français, à la suprématie universelle de la raison.

Et le Prince éclairé, que la raison domine,
Est un vivant portrait de l'essence divine.

(*Voltaire.*)

« *Nemo ex consilio obligatur, etiam si non expediat ei cui dabatur, quia liberum est cuique apud se explorare an expediat sibi consilium.* »
(*ff. lib. 17. Mandati vel contrà. Leg. 2. §. 6.*)

Le conseil peut bien faire impression sur l'esprit de celui à qui on le donne, mais il ne lui impose directement aucune obligation. Il lui fournit des lumières qui peuvent produire en lui quelque nouvel engagement ou rendre plus fort celui où il étoit déjà, selon que les raisons sur lesquelles on se fonde, sont bonnes ; mais il ne le met pas dans la nécessité de le suivre.

Les anciennes assemblées générales de France qu'on appelloit des Parlemens (*les Présidens de la Roche-Flavin et de l'Allouette, liv.* I. 7. *et* 13. *pages* 830 *et* 831. *le second, pages* 161 *et* 162.) et qui portèrent neuf ou dix autres noms, n'eurent jamais *que voix consultative.*

(« *Quanquam summa hujus ministerii in nostrâ personâ consistere videatur, tamen et DIVINA AUTORITATE et HUMANA ORDINATIONE, ità per partes divisum esse cognoscitur, ut unusquisque vestrum, in suo loco ordine partem nostri ministerii habere cognoscatur.* »

« *Capitul. de LOUIS - LE - DÉBONNAIRE.* »)

Les Etats-Généraux qui succédèrent, dans le commencement du quatorzième siècle, A CET ANCIEN CONSEIL DE LA NATION, et qui ont cessé d'être assemblés depuis près de deux siècles, n'agirent jamais avec LA COURONNE *que par la voie de très-humbles remontrances.* (*)

(*) CONSÉCRATION NATIONALE
De ce Principe fondamental.

« *Les Etats-Généraux exprimeront AU ROI, dans leurs adresses et dans leurs discours, LE PLUS PROFOND RESPECT POUR SA PERSONNE SACRÉE.* »
(*Mandat. Ordre du Tiers-Etat. Prévôté et Vicomté de Paris. etc*)

Les Compagnies de Judicature qui, sous le nom de Parlemens, furent et dans le même tems et dans les siècles postérieurs, établies par NOS ROIS, consultées quelquefois par LE SOUVERAIN, ne décidèrent jamais par elles-mêmes que les procès des particuliers, et n'exercèrent dans tous les cas qu'une autorité émanée de LA PUISSANCE ROYALE, et toujours dépendante de NOS ROIS.

Il est de la justice que LE SOUVERAIN doit à ses peuples, d'écouter ce que le zèle du bien public inspire à leurs Députés et Mandataires, respectifs, composant les Etats-Généraux. (*)

LES PRINCES sont d'autant plus exposés à la surprise, que les grâces qui coulent de leurs mains attirent autour d'eux plus d'intérêts et de passions ; mais les Etats qui, *comme organes fideles des trois Ordres de la Nation française, leurs commettans respectifs*, donnent ces avis, *en proposant la règle AU ROI* (**) *ne doivent jamais manquer à l'obéissance*

(*) DEVISE DES ETATS-GÉNÉRAUX.

« EGO SAPIENTIA HABITO IN CONSILIO ET ERUDITIS INTERSUM COGITATIONIBUS. »

(*Proverb. Cap. 8. v. 15.*)

PARAPHRASE PHILOSOPHIQUE
De cette sentence.

« LES ASSEMBLÉES *ont cet avantage, qu'il y a d'ordinaire quelqu'un qui montre le bon parti, et y ramène les autres : on se respecte mutuellement, et on a honte de paroître injuste au public : ceux dont la vertu est plus foible sont soutenus par les autres. Il n'est pas aisé de corrompre toute une compagnie ; mais il est facile de gagner un seul homme, ou celui qui le gouverne ; et s'il se détermine seul, il suit la pente de ses passions, qui n'a point de contre-poids. D'ailleurs les résolutions communes sont toujours mieux exécutées : chacun croit en être l'auteur, et ne faire que sa volonté. Il est vrai qu'il est bien plus court de commander et de contraindre, et que pour persuader il faut de l'industrie et de la patience :* MAIS LES HOMMES SAGES *vont toujours au plus sûr et au plus doux, et ne plaignent point leur peine, pour faire le bien de la chose dont il s'agit ; ils n'en viennent à la force qu'à la dernière extrémité.* »

(*M. de Fleury, Hist. tom. 8.*)

(**) DÉCRET NATIONAL
Concernant la formation de toutes les lois, en France.

« IL N'Y AURA DE LOI EN FRANCE QUE CELLE QUI AURA ÉTÉ PROPOSÉE PAR LES ETATS-GÉNÉRAUX, ET SANCTIONNÉE PAR LE ROI. »

(*Mandat. Lyon. Alençon. Agen. etc.....*)

que

que la règle prescrit. (*)

LE SOUVERAIN doit tenir à honneur de changer ses Ordonnances, s'il reconnoît que le bien public le demande, et
qu'il se soit trompé en les faisant; (**) mais *la rétracta-*

(*)   A X I O M E   P O L I T I Q U E.

« *Tibi summum rerum judicium* DII *dedere, nobis obsequii gloria relicta est* ».

(*Tacit. Annal. Lib. 6.*)

« *D I E U vous a donné la direction suprême de toutes choses, et
il ne nous a laissé en partage que la gloire de l'obéissance.*

(**)   B E L   E X E M P L E
Donné par Charles-Magne, à tous les Souverains.

CHARLES-MAGNE, l'un des plus illustres Monarques français,
dont le génie vaste et créateur, connut l'essence du gouvernement, ses principes et ses ressorts, qui en sentit les vices et
les remèdes et les moyens de les employer;

CHARLES-MAGNE, capable de concevoir et d'embrasser
dans toutes ses parties, UN PLAN GÉNÉRAL DE RÉFORME,
qui sut l'établir, le maintenir et le faire observer;

CHARLES-MAGNE, qui, seul, imagina, établit et consolida
UN CORPS COMPLET DE LÉGISLATION POLITIQUE, EC-
CLÉSIASTIQUE, MILITAIRE, CIVIL et ÉCONOMIQUE;

CHARLES-MAGNE, dont les capitulaires portent jusques
dans les moindres détails, l'empreinte de son génie et de sa
grandeur, et dans les dispositions desquelles on reconnoît par-
tout LE GRAND HOMME, LE ROI JUSTE et LE PÈRE DE
FAMILLE;

CHARLES-MAGNE a donné ce bel exemple à tous les Souverains ses successeurs, en tenant à honneur de changer ses Ordonnances royales toutes les fois qu'il a reconnu dans sa sagesse
royale, que le bien public le demandoit, et qu'il s'étoit trompé
en les faisant.

Je transcris à cet effet le préambule du huitième capitulaire
donné par ce grand Roi, au Parlement de Worms, sur la fin
de l'année 8o3, conçu en ces termes :

« *Etant mieux instruits* . . . .

« *En conséquence nous corrigeant nous-même, et donnant
l'exemple à nos successeurs, nous ordonnons pour la seconde fois, de l'avis de tous nos Nobles consultés à ce
sujet, etc.* . . . .

Q

tion doit être l'ouvrage de la raison et du jugement DU PRINCE. (*)

Sous LOUIS XI, Jacques de la Vacquerie, premier Président du Parlement de Paris, ayant reçu des édits qu'il jugeoit contraires au bien de l'Etat, vint avec les députés du Parlement, trouver LE ROI.

LOUIS XI, étonné de leur arrivée, leur ayant demandé ce qu'ils vouloient.

« *LA PERTE DE NOS CHARGES OU MÊME LA MORT*, *répondit De la Vacquerie, PLUTOT QUE D'OFFENSER NOS CONSCIENCES.* » (**)

(*)   CONSÉCRATION   NATIONALE
De cette salutaire morale législative-constitutive.

« *LE ROI est seul législateur dans l'ordre civil et de police ; centre de réunion ; Magistrat suprême en qui réside le point de décision ; absolu dans les différentes demandes de ses peuples et des Corps qu'il a créés pour l'ordre politique de son Royaume.* »
(*Mandat. Gien. etc. . . . .*)

(**) Quelle sublime générosité patriotique de la part DU CORPS INTÈGRE et ILLUSTRE DE LA MAGISTRATURE FRANÇAISE !

ELOGES   PHILOSOPHIQUES
Du Corps intègre et illustre de la Magistrature française.

« *Le respect et la considération sont pour ces Magistrats qui ne trouvant que le travail après le travail, veillent nuit et jour pour le bonheur de l'Empire.* »
(*Esprit des Lois, Liv. 13, chap. 20.*)

Il étoit dans ce temple un Sénat vénérable,
Propice à l'innocence, au crime redoutable,
Qui des lois de son Prince et l'organe et l'appui,
Marchoit d'un pas égal entre le peuple et lui,
Dans L'ÉQUITÉ DES ROIS la juste confiance
Souvent portent à leurs pieds les plaintes de la France :
LE SEUL BIEN DE L'ÉTAT FAIT SON AMBITION ;
Il hait la tyrannie et la rébellion :
Toujours plein de respect, toujours plein de courage,
De la soumission distingue l'esclavage,
Et pour nos libertés toujours prompt à s'armer,
Connoît Rome, l'honore et la sçait réprimer.
(*Voltaire. Henriade. Chant IV.e.*)

Hélas ! que L'ORDRE DU TIERS-ETAT étoit bien convaincu

LE ROI admirant *cette généreuse réponse*, s'adoucit et retira ses édits. (*)

Telle doit être LA VIGUEUR AUSSI RESPECTUEUSE QUE PATRIOTIQUE ET GÉNÉREUSE du Corps intègre et illustre de la Magistrature française, pour éclairer constitutionnellement la justice, l'équité paternelle et bienfaisante de nos augustes Monarques, Législateurs, Magistrats suprêmes et absolus de tous les sujets de leur Empire. (**)

---

de cette sublime générosité patriotique de la part du Corps intègre et illustre de la Magistrature française, lorsque, avec autant de justice que de reconnoissance, IL A UNANIMEMENT CONSACRÉ ces *Eloges philosophiques* PAR L'APOLOGIE SUIVANTE :

« *LA MAGISTRATURE enfin, ne s'est réservé en quelque sorte pour dédommagement de ses pénibles fonctions, que l'honneur de les remplir.* »

(*Extrait de l'Introduction des cahiers de l'Ordre du Tiers-Etat du Nivernois. etc. . . . .*)

(*)   M A X I M E.

. . . . *Sed leviùs fit patientiâ*
     Quidquid est corrigere nefas.
                 (*Horat. Od. 21 lib. 1.*)

« *Mais on adoucit par la patience le mal qu'on ne sçauroit guérir.* »

(**)   P R I N C I P E   F O N D A M E N T A L
Du Droit public de la Monarchie régulière et paternelle de France, conservateur de la Liberté politique de la Constitution française.

« *LE SEUL CORPS qui, dans les monarchies, doive balancer l'autorité souveraine du Prince; CELUI qu'on peut véritablement regarder comme UNE PORTION INTÉGRANTE de la constitution, C'EST LE CORPS DES MAGISTRATS; voilà le frein qui arrêtera légalement les abus de l'autorité souveraine du Monarque; en effet, C'EST PAR L'EXISTENCE DU CORPS DES MAGISTRATS, et LA VIGUEUR DE SES OPÉRATIONS qui distingue la monarchie du despotisme.* »   (*La Science de la Législation.*)

D É C R E T S   N A T I O N A U X
Tracés unanimement et impérativement par les trois Ordres de la Nation française.

1°. Consacrant ce principe fondamental du Droit public de la Monarchie régulière et paternelle de France.

2°. Instituant fondamentalement les Parlemens et toutes Cours

Voici une autre anecdote qui peint bien à cet égard, les entrailles paternelles de nos augustes et bienfaisans Monarques, pour tous leurs fidèles sujets, leurs enfans chéris.

---

souveraines qu'il plaira au Roi de créer, et qui seront consenties par les États-Généraux, *censeurs constitutionnels* de la Législation française, *surveillans constitutionnels* de la constitution et des droits nationaux : conséquemment, *chargés spécialement* par les trois Ordres de la Nation française, de la conservation et du maintien salutaires,

PREMIÈREMENT.

DE LA LIBERTÉ POLITIQUE de la constitution purement monarchique, régulière et paternelle de la France.

DEUXIÈMEMENT.

DE LA LIBERTÉ PUBLIQUE de la Nation, ou DES DROITS NATIONAUX.

« *Nunquam aliud NATURA, aliud SAPIENTIA dicit.* »
(*Juvénal.*)

RAISON, ta voix conduit une ame saine et pure ;
Et ta voix suit toujours LE CRI DE LA NATURE.

« *Les lois seront pendant la tenue même de l'Assemblée nationale, envoyées AUX PARLEMENS du Royaume, pour être inscrites sur leurs registres, et placées sous la garde DES COURS SOUVERAINES, qui ne pourront se permettre d'y faire aucune modification, mais continueront, comme ci-devant, à être chargées de l'exécution des lois, DU MAINTIEN DE LA CONSTITUTION et DES DROITS NATIONAUX, D'EN RAPPELLER LES PRINCIPES PAR DES REMONTRANCES AU ROI, et DES DÉNONCIATIONS A LA NATION, TOUTES LES FOIS QUE SES DROITS SEROIENT ATTAQUÉS ou SEULEMENT MENACÉS* ».
(*Mandat. Metz. etc. . . . .*)

« *En tous tems LES COURS particulièrement chargées du dépôt des lois et DU MAINTIEN DE LA CONSTITUTION, VEILLERONT A CE QU'IL NE LEUR SOIT PORTÉ AUCUNE ATTEINTE et RAPPELLERONT A L'ÉPOQUE DÉTERMINÉE LA CONVOCATION PÉRIODIQUE DES ÉTATS-GÉNÉRAUX, si la loi qui l'aura fixée pouvoit être méconnue.* »
(*Mandat. Colmar et Scélestat. etc. . . . . . .*)

« *Que pour empêcher l'oubli de la loi, et pour en réclamer l'exécution,* TOUTES COURS SOUVERAINES QU'IL

HENRI IV ayant adressé au parlement de Bourgogne, en 1605, un édit qui augmentoit de deux écus le minot de sel, LES ETATS, pour le faire révoquer, députèrent aussi-tôt L'ABBÉ DE CITEAUX et HENRI DE BEAUFREMONT, Baron de Senecey, fils de CLAUDE DE SENECEY, qui porta la parole aux Etats de Blois, AU NOM DE LA NOBLESSE, avec

---

PLAIRA AU ROI DE CRÉER, et QUI SERONT CONSENTIES PAR LES ETATS-GÉNÉRAUX, soient établies, chacune dans le ressort qui lui sera attribué, dépositaires inviolables du registre de la loi, et tenues d'y inscrire les Edits passés en conformité des délibérations des Etats-Généraux, dont copie sera annexée à cet effet audit registre; que LESDITES COURS ne puissent rien changer, retrancher, ajouter ou interpréter, ni souffrir qu'il y soit rien changé, corrigé, ajouté et interprété, que PAR LE CONCOURS RÉUNI DU ROI et DES ETATS-GÉNÉRAUX, et que l'inscription de la loi sur ledit registre, et la vérification dudit enregistrement soient nécessaires avant de promulguer la loi et d'en exiger l'exécution. »

(Mandat. Château-Thierry. etc. . . . . . .)

» LA PROMULGATION et LA VÉRIFICATION DES LOIS, par un usage aussi antique et aussi sage qu'il avoit été utile, appartenant à ceux qui, chargés de leur exécution, en sont les dépositaires naturels; et leurs personnes, dans le rapport de ces nobles fonctions, devant être aussi sacrées que la loi-même, IL SERA CONSTITUTIONNELLEMENT ÉTABLI QU'AUCUN MAGISTRAT ne pourra être destitué de sa charge, que par un jugement de ses Pairs, ou pour cause de forfaiture. »

(Mandat. Melun et Moret. etc. . . . .)

« Les lois qui seront rendues pendant l'intervalle des Etats-Généraux, seront envoyées A LA VÉRIFICATION et ENRÉGISTREMENT DES COURS SOUVERAINES qui continueront de jouir en ce cas du droit d'adresser leurs remontrances au Roi, et aux prochains Etats-Généraux, qui jugeront du mérite de leurs réclamations. »

(Mandat. Colmar et Scélestat. etc. . . . . . .)

« Que dans les intervalles entre les assemblées périodiques des Etats-Généraux, les réglemens particuliers que les circonstances peuvent exiger, ne puissent être exécutés qu'après avoir été enregistrés DANS LES COURS SOUVERAINES AUXQUELLES LA NATION CONFIE LE SOIN DE LES VÉRIFIER, c'est-à-dire, DE RECONNOITRE S'ILS

la liberté patriotique d'un gaulois et *la dignité* d'un grand Seigneur. (*)

Aux diverses interpellations qui furent faites par HENRI IV à M. de Beaufremont, il dit AU ROI :

« *Faites - moi la justice de croire que* L'INTÉRET DE MA PATRIE M'EST PLUS SENSIBLE QUE LE MIEN PROPRE. » (**)

_____

NE CONTIENNENT RIEN DE CONTRAIRE A CES DROITS *et* AUX PRINCIPES CONSTITUTIFS DE LA MONARCHIE. »

(*Mandat. Dijon. etc. etc. etc. . . . .*)

M. du Harlay, disoit à HENRI III :

« LA LOI DE LA VÉRIFICATION EST UNE DES PLUS SAINTES , *et laquelle les Rois ont plus religieusement gardée ; estimant que violer cette loi , étoit aussi violer celle par laquelle ils sont faits Rois , et de donner occasion à leurs peuples de mécroire de leurs bontés. »*

OBSERVATION.

DES CORPS DE MAGISTRATURE, distribués dans les différentes provinces, *journellement occupés de l'étude des lois et de leur application*, rapprochés des peuples, instruits de leurs mœurs, sont plus propres à saisir l'influence d'une loi nouvelle, ses rapports avec les lois établies, ses avantages et ses inconvéniens , que ne le pourroient être des assemblées d'États provinciaux , établis dans chaque province , dont les fonctions politiques doivent être *constitutionnellement* limitées et fixées à une pure et simple administration locale et économique de chaque province, et à l'exécution stricte et littérale des lois constitutives y relatives, délibérées, proposées par les États-Généraux, sanctionnées par le Roi.

(*) DEVISE
de cette ancienne et illustre maison.

« *IN VIRTUTE ET HONORE SENESCE.* »

(**) DÉMONSTRATION SUCCINCTE
de l'hérédité successive et non interrompue de cette magnanimité, de ce désintéressement patriotique et fraternel dans l'Ordre illustre et généreux de la Noblesse française.

« *Respectons notre constitution :* UN ROI CITOYEN *nous invite à venir y prendre nos rangs, et à y travailler à la réforme des abus ; et voilà notre tâche. Que les Députés de la Noblesse s'y livrent,* DÉPOUILLÉS DE TOUS INTÉRÊTS PERSONNELS. NOTRE RECONNOISSANCE SERA

« Si Votre Majesté me le permet, je pourrois l'assurer que si l'Edit avoit lieu, il arriveroit infailliblement que la moitié des habitans des villages de votre Duché, limitrophes de la Franche-Comté, s'y retireroient, pour y trouver le sel à meilleur marché et presque pour rien. »

« Déjà, Sire, on a reconnu une diminution notable dans les ventes des greniers à sel de cette frontière. »

A ces mots, Le Roi s'attendrit, et les larmes lui tombèrent des yeux. (*)

« Ventre-saint-gris, reprit-il, je ne veux pas qu'il soit dit que mes sujets quittent mes Etats pour aller vivre sous un Prince meilleur que moi. »

A l'instant, il appelle M. de Sully, et lui ordonne de

MESURÉE SUR LE BIEN GÉNÉRAL QUE LA NATION ENTIÈRE RECUEILLERA, ET JAMAIS SUR LES AVANTAGES PARTICULIERS QUE POURROIT EN RETIRER NOTRE ORDRE. »

   (*Mandat. Clermont - Ferrand. Guyenne. Château-Thierry. Metz. Dauphiné. Mantes et Meulan. Paris. etc.* . . . .)

Que L'Ordre du Tiers-Etat étoit bien convaincu de cette magnanimité successive et héréditaire parmi L'Ordre de la Noblesse française, lorqu'il a unanimement et impérativement tracé à ses Députés et Mandataires, le décret fraternel et patriotique, suivant :

« Le Tiers - Etat exige *de ses Députés qu'ils se souviennent qu'ils ne sont pas envoyés* VERS DES ENNEMIS *dont ils doivent braver l'audace et l'orgueil, mais vers de* DE BONS CITOYENS AVEC LESQUELS ILS VONT TRAITER DU BONHEUR *et* DE LA PAIX *de la Nation.* »

   (*Mandat. Château-Thierry. etc.* . . . .)

(*)   SENTIMENT   FILIAL
de tous les vrais Français pour leurs augustes Monarques.

« Il y a dans Paris une statue qui fait tressaillir tous les cœurs d'un sentiment de tendresse. Tous les regards se tournent VERS CETTE IMAGE DE BONTÉ PATERNELLE POPULAIRE. Les larmes des malheureux l'invoquent dans le silence de l'oppression. On bénit en secret LE HÉROS QU'ELLE ÉTERNISE. Toutes les facultés se réunissent après deux siècles pour célébrer sa mémoire. »

   (*G. T. Raynal. Hist. Philos. Polit.*)

dresser un Arrêt qui révoque l'Edit sur le Sel, ce qui fut exécuté sur-le-champ.

(Et le Prince éclairé, que la raison domine,
Est un vivant portrait de l'essence divine.

« *Voltaire.* »)

Quelle multiplicité de traits semblables n'aurois-je pas à rapporter pour peindre la justice équitable, la bienfaisance de nos augustes Monarques et Législateurs !

L'ÉQUITÉ DE NOS ROIS,

(« *L'équité dont la voix triomphe avec le tems.* »

« *Voltaire.* »)

L'ÉQUITÉ DE NOS ROIS EST ET SERA TOUJOURS NOTRE DIGUE LA PLUS SACRÉE CONTRE LEUR POUVOIR ABSOLU.

« *Comme la mer qui semble vouloir couvrir toute la terre est arrêtée par les herbes et les moindres graviers qui se trouvent sur les rivages ; ainsi* LES MONARQUES, *dont le pouvoir paroît sans bornes,* S'ARRÊTENT *par les plus petits obstacles, et* SOUMETTENT LEUR FIERTÉ NATURELLE *à la plainte et à la prière.* »

(*Esprit des Lois. Liv. 2. Chap. 4.*)

Quand LE ROI ne voit et n'entend que *des sujets*, et non *des rivaux*, c'est alors que rien ne le porte à résister à la vérité. S'il est arrivé qu'elle ait éludé ses premières recherches, c'est alors que LE ROI *aime à courber sous le joug honorable de la raison,* SA TÊTE MAJESTUEUSE, *inflexible à tout autre joug.*

DEVISE

DES MONARQUES FRANÇAIS.

« *Qui vult amari languidâ regnet manu.* »

(*Senec. Thébaïde.*)

Je veux sur mes sujets régner en citoyen. (*) (*Racine.*)

(*) M A X I M E.

« *C'EST LA MODÉRATION QUI GOUVERNE LES HOMMES ET NON PAS LES EXCÈS.* » (*Esprit des Lois.*)

« *Magis famâ quam vi stant Regum res.* »

(*Tacit. Annal. Lib. 6.*)

Le trône auguste et saint qu'environne la crainte,
Seroit mieux affermi s'il l'étoit par l'amour ;
En faisant des heureux, un Roi l'est à son tour.

(*Voltaire.*)

L'AMOUR qu'on a pour le Souverain porte les peuples à

l'obéissance ;

l'obéissance; mais CET AMOUR ne s'acquiert pas en leur montrant le devoir avec une rigidité inflexible. Dans le bien même, dans la vertu, dans l'exercice de toutes les charges, il est une exactitude, une fermeté, ou plutôt une sorte de roideur qui dégénère en vice, quand elle est poussée trop loin. Il n'est jamais à propos DE COURBER LA RÈGLE; mais il est toujours louable DE L'AMOLLIR et DE LA RENDRE PLUS MANIABLE, ce qui se fait sur-tout par des manières douces et insinuantes; en n'exigeant pas toujours le devoir avec une extrême rigueur, en fermant les yeux sur beaucoup de petites fautes qui ne méritent pas la peine d'être relevées, en avertissant avec bonté de celles qui sont plus considérables, en un mot, EN TACHANT, *par tous les moyens possibles*, DE SE CONCILIER LES CŒURS, et DE RENDRE LA VERTU ET LE DEVOIR AIMABLES.

FIN

Des Notes relatives au Précis d'un Code de Législation française.

R

APOLOGIE PATRIOTIQUE.

Du Gouvernement patriarchal, absolu, juste et paternel de la Monarchie régulière de France.

FAITE

PAR L'ORDRE ECLAIRÉ

DES PLUS CÉLÈBRES JURISCONSULTES DE L'EMPIRE FRANÇAIS.

Heureux lorsque le peuple instruit dans son devoir,
Respecte autant qu'il doit, le souverain pouvoir !
(Voltaire.)

« *Nous avons toujours été intimement convaincus, et nous faisons toujours gloire de le professer hautement, que* LE ROYAUME DE FRANCE EST UN ETAT PUREMENT MONARCHIQUE; *que l'autorité suprême réside dans la personne du Souverain; que* VOTRE MAJESTÉ *tient dans son Royaume la place* DE DIEU-MÊME *dont elle est l'image vivante;* (1) *que la soumission qui lui est due est un devoir de religion auquel on doit satisfaire, non par*

---

(1) CONSÉCRATION PHILOSOPHIQUE
De ce principe.

Gentis humanæ Pater atque custos,
. . . . Tibi cura magni
CÆSARIS fatis data : tu secundo
Cæsare Regnes.
(Horat. Od. 12. lib. 1.)

« *Père et conservateur des hommes..... c'est à toi que les destins ont confié la grandeur de César. Règnes, et qu'il te serve de* SECOND *dans le Gouvernement du Monde.* »

la terreur des peines, mais par le mouvement de sa conscience. » (2)

« *Qu'il n'y a aucune Puissance sur la terre qui ait le pouvoir de dégager les sujets de cette fidélité inviolable qu'ils doivent à leur Souverain ; que l'excommunication même si redoutable, quand elle est prononcée pour des causes légitimes, ne peut jamais rompre le nœud sacré qui lie les sujets à leur Roi ; que pour quelque cause que ce puisse être on ne peut porter atteinte à son autorité ; qu'il est seul législateur dans ses Etats ; que les Parlemens et autres Cours du Royaume ne tiennent que de votre Majesté seule, l'autorité qu'ils exercent ; que la soumission et le respect qu'on rend à leurs arréts remontent à votre Majesté comme à leur source ; et que par cette raison la justice s'y rend au nom de votre Majesté qui parle dans les arréts, et qu'ils ne sont exécutoires qu'autant qu'ils sont munis du sceau de votre Majesté.* »

« *Voilà*, SIRE, *les vérités dans lesquelles nous affermit chaque jour l'exercice de notre ministère, sous les yeux du Parlement si atten-*

***

(2) CONSÉCRATION APOSTOLIQUE
de ce principe ; démontrant l'accord parfait de la vraie philosophie avec la Religion.

« *Nous ne cesserons de révérer en vous cette autorité souveraine, indépendante, soumise à* DIEU SEUL *de qui vous la tenez, et nous regarderons la soumission et la fidélité que tous vos sujets vous doivent comme* UN DEVOIR. *SACRÉ que nulle puissance ne peut les dispenser de remplir,* C'est LA DOCTRINE *que nous avons reçue de nos pères que nous transmettrons à nos successeurs, que nous ne cesserons de prêcher à vos peuples, et à laquelle nous ne laisserons jamais donner aucune atteinte.* »
(*Lettre au Roi de l'assemblée du Clergé de 1730.*)

tif à conserver toutes les prérogatives de votre autorité sacrée. » (3)

« *Notre cœur ne nous reprochera jamais de nous en être écartés, nous ne les abandonnerons jamais; et pour le maintien de ces mêmes vérités, nous serons prêts, en tous tems, et en toutes occasions de sacrifier nos biens et nos personnes.* » (4)

(*Déclaration faite en 1731, par l'Ordre des Avocats du Parlement de Paris.*)

Quelle sagesse, quel patriotisme, quelle sublime,

---

(3) DÉMONSTRATION HISTORIQUE de l'attention patriotique, portée par le Corps intègre et illustre de la Magistrature française, à la conservation tutélaire et salutaire de toutes les prérogatives de l'autorité sacrée du Roi.

Les gens du Roi, dirent au Parlement de Paris, le 18 août 1733, à l'occasion d'un écrit intitulé : JUDICIUM FRANCORUM.

« *Qu'ils ne verroient pas sans indignation, dans l'écrit qu'ils lui apportoient les fausses et les pernicieuses couleurs, par lesquelles on essayoit de confondre et d'effacer les véritables principes de l'ordre public; d'ébranler jusqu'aux lois fondamentales du royaume, et d'altérer, s'il se pouvoit, cette autorité souveraine, qui résidant en la personne de nos Rois, est l'unique source de tout pouvoir légitime et de toute puissance politique dans l'État.* »

Ils ajoutèrent :

« *Qu'un attentat dont le Parlement ne seroit pas moins indigné, c'étoit, que dans des vues criminelles, on osât se couvrir du prétexte de vanter son institution, et de relever ses prérogatives, comme si le Parlement connoissoit pour lui d'autre grandeur et d'autre gloire que le dépôt inviolable de cette autorité sacrée qu'il a plu à nos Rois de lui confier!* »

(4) MŒURS FRANÇAISES.

Aimer, servir L'ÊTRE-SUPRÊME,
Bénir ses lois et ses bienfaits,
Chérir LE ROI plus que soi-même,
CE SONT LES MŒURS DES VRAIS FRANÇAIS. »

nationale et filiale morale législative-constitutive, développée succinctement dans cette éloquente, sentimentale et énergique Déclaration, tracée si lumineusement PAR L'ORDRE SÇAVANT DES PLUS CÉLÈBRES JURISCONSULTES DE L'EMPIRE FRANÇAIS, *fidèles interprètes* des principes fondamentaux, inaltérables, imprescriptibles, sacrés et inviolables du droit public de la Monarchie régulière de France, et de son Gouvernement patriarchal, absolu, juste et paternel!

F R A N Ç A I S,

> *Inter cuncta leges, et percontabere doctos*
> *Quâ ratione queas traducere leniter ævum;*
> *Ne te semper inops agitet vexet que cupido,*
> *Ne pavor rerum mediocriter utilium spes ;*
> *VIRTUTEM DOCTRINA PARET.*
>
> (Horat. Ep. 18. *lib* I.)

« *Au milieu du tourbillon ne loissez pas de lire et de consulter LES SAGES. Apprenez d'eux l'art de passer doucement la vie sans être troublé ni tourmenté par la cupidité qui est toujours pauvre, par les craintes frivoles et par l'espérance des biens imaginaires*; *LE SÇAVOIR EMBELLIT LA VERTU.* «

QUEL EST LE VRAI FRANÇAIS qui, après une lecture profonde de cette sublime et lumineuse Déclaration, contenant l'énoncé fidèle et succinct des vrais principes fondamentaux du droit public de la Monarchie régulière de France, et de son Gouvernement patriarchal, absolu, juste et paternel;

QUEL EST LE VRAI FRANÇAIS, dis-je, qui ne sera pas patriotiquement pénétré de la vérité de cette fidelle et apologétique définition DES VRAIS JURISCONSULTES, consacrant avec tant de raison leur immortalité?

« *Jus est ars boni et œqui, cujus merito quis NOS SACERDOTES appellet. Justitiam namque colimus, et boni et œqui notitiam profitemur, œquum ab iniquo separantes, licitum ab illicito discernentes, bonos non solùm metu pœnarum,*

verùm etiam præmiorum quoque exhortatione efficere cu-
pientes ; VERAM, nisi fallor, PHILOSOPHIAM, NON SIMU-
LATAM AFFECTANTES. »

(*Lib.* 1. *ff. de Just. et Jure.*)

« *Le droit est l'art du bon et du juste, et l'on pourroit*
avec raison en regarder LES JURISCONSULTES COMME LES
PRÊTRES, puisqu'ils aiment et pratiquent la justice, qu'ils
font profession du bon et du juste, séparant le juste d'avec
l'injuste, discernant ce qui est permis d'avec ce qui ne l'est
pas, désirant de rendre les hommes bons, non seulement
par la crainte des peines, mais aussi par l'attrait des ré-
compenses, enfin, SUIVANT EN TOUT, autant qu'il est en
eux, LA VRAIE PHILOSOPHIE. »

FRANÇAIS,

LA VRAIE PHILOSOPHIE EST LA VERTU MISE
EN ACTION.

LA VRAIE PHILOSOPHIE suppose LA RELI-
GION bien loin de l'exclure ; (5) elle nous

---

(5) CONSÉCRATION PHILOSOPHIQUE
De cette morale religieuse.

Parcus Deorum cultor et infrequens,
Insanientis dum sapientiæ
Consultus erro : nunc retrorsum
Vela dare, atque iterare cursus,
Cogor relictos.

(*Horat. Od.* 29, *lib.* 1.)

« *Egaré par les conseils d'une sagesse insensée, je ne prodi-*
guois pas aux Dieux mon encens ; je fréquentois peu leurs autels :
aujourd'hui rentrant en moi-même, je reprends heureusement pour
moi la route consolante que j'avois abandonnée. »

« *Je n'entends pas qu'on puisse être vertueux sans LA RELI-*
GION ; j'eus long-tems cette opinion trompeuse dont je suis très-
désabusé. »

« *LA PHILOSOPHIE ne peut faire aucun bien que LA*
RELIGION ne le fasse encore mieux, et LA RELIGION
en fait beaucoup que LA PHILOSOPHIE ne sçauroit faire. »

(*Jean-Jacques Rousseau*)

MARC-AURÈLE, cet Empereur que les philosophes ont
proposé pour modèle à tous les Souverains ; MARC-AURÈLE
s'entretenant avec un de ses favoris, lui demanda pourquoi on

instruit à remonter des effets à leur véritable cause:
elle s'exerce à des sciences utiles, y fait briller la
lumière, dissipe les nuages que répand sur elle un
dangereux pyrrhonisme, les enchaîne l'une à l'autre,
*et les dirige vers un but moral propre à les
ennoblir.*

LA VRAIE PHILOSOPHIE respecte les vérités
aimables et consolantes, qu'elle trouve imprimées
au fond de notre cœur, ou que nous offre UNE
RÉVÉLATION *qu'elle envisage comme un supplément nécessaire à notre foible raison;* (6)

---

cherchoit à lui arracher tous les jours des édits contre les Chrétiens? C'est, lui répondit le favori, qu'ils adorent un homme
crucifié. Eh bien, répondit LE PRINCE, en cela ils ne méritent
que de la compassion. Mais plutôt que de renoncer à cet homme
crucifié, répliquoit le courtisan, ils sacrifient tout. Ce sont des
fous, ajoutoit l'Empereur. Mais en expirant au milieu des plus
affreux supplices, ils prient pour leurs bourreaux. Je me ré-
tracte, conclut MARC-AURÈLE, LEUR LOI EST SAINTE,
LEUR MORALE PARFAITE; et LEUR RELIGION NE PEUT
ÊTRE QUE DIVINE.

ANATHÈME PHILOSOPHIQUE
Contre la négligence de la Religion.

« *Romain, tu porteras, sans l'avoir mérité, la peine due au
crime de tes pères : tant que tu n'auras pas réparé les autels des
Dieux, leurs temples qui tombent en ruine, et leurs images défi-
gurées par la noire fumée qui les couvre. C'EST EN RECONNOIS-
SANT CES DIEUX POUR MAITRES, que tu commandes à l'U-
nivers. EUX SEULS SONT LE PRINCIPE DE TOUT. Reportez à
EUX SEULS tout ce qui arrive. C'EST L'OUBLI DES DIEUX
qui a fait tomber tant de maux sur la triste Hespérie.* »
(Horat. Od. 6. lib. 3.)

(6) APOLOGIE PHILOSOPHIQUE
De la Religion révélée.

« *Rien ne nous est donc plus nécessaire QU'UNE RELIGION
RÉVÉLÉE qui nous instruise sur tant de divers objets. DESTINÉE
à servir de supplément à la connoissance naturelle, elle nous montre
une partie de ce qui étoit caché : mais elle se borne à ce qu'il nous
est absolument nécessaire de connoître ; le reste est fermé pour nous.*

elle réserre les vrais liens de la société au lieu de les rompre.

LA VRAIE PHILOSOPHIE, *ne s'arrétant pas à de vains discours*, réforme nos mœurs, dompte nos passions, (7) *nous soumet à l'autorité par l'amour du devoir*, nous rend doux, humains, bienfaisans dans la conduite de la vie, *et fait de nous des sages dans la pratique.* (7 bis.)

TELLE EST LA VRAIE PHILOSOPHIE QUI A POUR FONDEMENT LA RELIGION.

Hélas! que les trois Ordres de la Nation française étoient bien convaincus que *la vraie philosophie étoit celle qui avoit pour fondement*

---

et apparemment le sera pour toujours. Quelques vérités à croire, un petit nombre de préceptes à pratiquer, voilà à quoi LA RELIGION RÉVÉLÉE se réduit : néanmoins à la faveur des lumières qu'elle a communiquées au monde, le peuple même est plus ferme, est plus décidé sur un grand nombre de questions intéressantes, que ne l'ont été toutes les sectes des philosophes. »

(M. Dalembert. Discours préliminaire de l'Encyclopédie.)

(7) CONSÉCRATION PHILOSOPHIQUE de cette analyse bien fidelle de la vraie philosophie.

« LE CULTE DE L'ÊTRE SUPRÊME *qui n'importune que les ingrats, fait le charme de l'ame sensible du philosophe ; cette lumière douce l'échauffe en même tems qu'elle l'éclaire ; quand il* ÉTUDIE LA RELIGION, *il s'apperçoit qu'*ELLE EST LE CENTRE *où vont se réunir toutes les vérités philosophiques ; quand il la suit, il reconnoît que* C'EST LE FOYER *où toutes les belles passions vont s'embráser.* » (La Philosophie de la Nature.)

(7 bis.) « *Si par ce mot* (PASSIONS) *on n'entend que nos inclinations, il est vrai qu'elles sont utiles, nécessaires et louables suivant leurs objets. Mais comme on entend ordinairement par ce mot les mouvemens violens qui emportent l'ame, et qu'elle a beaucoup de peine à retenir, l'homme n'est-il pas bien malheureux d'avoir à soutenir contre lui-même une guerre continuelle ? Et doit-on s'étonner que* LA MORALE CHRÉTIENNE *nous ordonne toujours de résister à nos passions, puisque* LA MORALE PAYENNE *l'a ordonné tant de fois ? Tout sage doit, comme dit Horace*, RESPONSARE CUPIDINIBUS. »

(Racine.)

la

la *Religion*, lorsqu'ils ont unanimement et impérativement tracé les Décrets patriotiques, suivans,
concernant l'éducation nationale.

DÉCRETS PATRIOTIQUES

TRACÉS UNANIMEMENT, IMPÉRATIVEMENT,

PAR LES TROIS ORDRES

DE LA NATION FRANÇAISE.

Prescrivant salutairement que la morale et la religion soient toujours la base de l'éducation
scholastique et de l'éducation morale, pour parvenir infailliblement à donner à l'Etat des citoyens
vraiment instruits et utiles dans tous les genres.

« *Nunquam aliud* NATURA, *aliud* SAPIENTIA *dicit.* »
(*Juvénal.*)

RAISON, ta voix conduit une ame saine et pure ;
Et ta voix suit toujours LE CRI DE LA NATURE.

« *D'autant que la restauration si désirable
du Royaume ne peut être parfaite ni durable,
si elle ne s'appuye singulièrement* SUR LA RÉ-
GÉNÉRATION DES MŒURS, (8) *et sur le déve-*

---

(8) CONSÉCRATION PHILOSOPHIQUE
de cette salutaire et nationale morale législative.

. . . . *Quid leges sine moribus ?*
Vanæ proficiunt. . . . .
(*Horat. Od.* 24. *lib.* 3.)

« *De quoi servent les lois, si nous n'avons pas de mœurs ?* »

« *Plus d'Etats ont péri parce qu'on a violé les mœurs,
que parce qu'on a violé les lois.* »

« *L'opulence est dans les mœurs, et non pas dans les
richesses.* »

(*M. de Montesquieu. Causes de la grandeur des
Romains. Chap.* 8 *et* 10.)

« *Sans les mœurs, une légion d'anges ne gouverneroit
pas un Etat. Sans les mœurs, les ressorts de l'administration*

S

*loppement et les progrès de l'esprit public;
les Députés demanderont que les Etats-Généraux prennent en sérieuse considération les*

---

*la mieux combinée fléchissent et demeurent sans effet dans
les mains qui veulent les faire agir; mais les bons principes font les bonnes institutions, et celles-ci les bonnes
mœurs. Quand une société s'abâtardit, ne cherchez pas le
vice dans les raisons physiques; il est dans le Gouvernement. Toute la vertu du Gouvernement consiste à tenir
toutes les parties de la voûte bien ensemble par les mœurs;
tout le vice à les désunir. »*

(L'Ami des Hommes.)

« *Des mœurs sans lois annoncent une nature sauvage;
des lois sans mœurs prouvent un état dépravé, et qui touche
à sa décadence; LE CHEF-D'ŒUVRE des Gouvernemens
est celui où l'on trouve à-la-fois des mœurs et des lois.* »

« *C'est aux lois à maintenir les mœurs; voilà pourquoi
les anciens, nos maîtres en tous genres, s'occupoient tant
à la culture des arts essentiels, veilloient à l'éducation nationale, avoient un si grand nombre de lois somptuaires.
Ils sentoient assez qu'un législateur ne donne à ses monumens qu'une base de sable quand il ne bâtit pas sur la
nature.*

« *Il ne suffit pas que les lois maintiennent les mœurs,
il faut que les mœurs à leur tour maintiennent les lois : car
quels biens peuvent faire à un Etat les meilleures institutions,
quand le scélérat puissant s'en joue, que la mauvaise-foi
les interprète, et que le cœur des méchans conspire pour
tenir lieu lui seul de toute législation? »*

« *La plus légère atteinte portée aux bonnes mœurs peut
entraîner la dissolution du corps politique; mais on peut et
on doit quelquefois changer les bonnes lois; les institutions
des hommes sont variables; il n'y a que la morale de la
nature qui doit être éternelle.* »

« *Quand LOCKE donna des lois à la Caroline, il voulut
qu'elles n'eussent de force que pour cent ans : CE GRAND
HOMME qui avoit fait une étude profonde du cœur humain,
sentoit qu'il ne falloit pas un siècle à une nation pour que
ses mœurs s'altèrent : or, dès que les mœurs dans un Etat
se dépravent d'une manière sensible, la machine politique
a besoin d'être remontée par la Législation.* »

(La Philosophie de la Nature.)

moyens DE PERFECTIONNER L'ÉDUCATION PU-
BLIQUE, *et de la diriger vers l'étude des devoirs
que* LA MORALE *prescrit à l'homme,* (9) *et*

---

(6) APOLOGIE PHILOSOPHIQUE
de la Morale.

LA MORALE! cette science si naturelle à l'homme, qu'elle naît presqu'avec lui ; CETTE SCIENCE DES DEVOIRS et DES SENTIMENS, bien autrement intéressante que celle du langage ; CETTE SCIENCE DE LA SAGESSE et DU BONHEUR, qui nous apprend *à faire accorder notre véritable bien avec celui des autres, et à regarder comme vraiment utile ce qui n'est pas honnête* ; CETTE SCIENCE qui nous offre d'ailleurs des principes si lumineux, si simples, si féconds,

« *Ne faites pas aux autres ce que vous ne voudriez pas qu'on vous fît. Faites-leur ce que vous voudriez qui vous fût fait à vous-même ; aimez* DIEU ; *aimez vos semblables ; aimez davantage ce qui a le plus de droit à votre amour.* »

CETTE SCIENCE, en un mot, qui est, à proprement parler, l'étude de tous les hommes, leur première, leur seconde, leur dernière étude, celle de toute la vie, celle qui doit régler toutes les autres, en déterminer le choix, en prescrire le but, en faire le mérite, et en montrer la récompense.

Les Scholastiques divisent LA MORALE, *en monastique, en économique et en politique,* parce qu'elle a trois objets, *les particuliers, les familles et les États.*

La Morale monastique regarde l'homme en général, ou chacun par abstraction, comme s'il étoit seul ; l'économique l'envisage comme père de famille ; et la politique le considère comme vivant dans une société civile.

La première fait les gens de bien, en soumettant les passions à la raison ; la deuxième fait les sages économes, en travaillant pour la félicité domestique ; la troisième tend au bien public, qui renferme tous les biens particuliers.

LA POLITIQUE,

C'est-à-dire la connoissance des intérêts de l'État, et cette prudence qui règle les démarches du Souverain, et et les dirige vers le bonheur commun des sujets.

LA POLITIQUE *est donc la partie la plus considérable* DE LA MORALE.

que le citoyen contracte en naissant ENVERS
SON PRINCE (10) *et* SA PATRIE. » (11)
(*Mandat. Nancy. etc* ....)

---

(10)   SURVEILLANCE PATERNELLE DU ROI.
Sur la pureté des principes du Droit public de la Monarchie
régulière de France, qui doivent servir de base à l'éducation
de ses sujets.

De toutes les attentions que LE PRINCE doit avoir, la plus
importante sans doute, seroit que les maîtres qui sont chargés
de l'éducation de la jeunesse, lui apprissent qu'il n'y a QU'UN
SEUL SOUVERAIN dans l'Etat, qu'on ne peut désobéir AU
SOUVERAIN sans désobéir à DIEU; *que l'autorité eccle-
siastique est toute intérieure, et que ce qu'elle a d'extérieur
vient de la concession* DU PRINCE, *et est soumis* A LA
PUISSANCE PUBLIQUE.

(« *In hoc enim Reges, sicut eis Divinitus præcipitur,
DEO serviunt, in quantum Reges sunt, si in suo regno
bona jubeant; mala prohibeant, non solùm quæ pertinent
ad humanam societatem, verùm etiam quæ pertinent ad
divinam Religionem.* »
« *S. Augustin. Cont. Crescon. Grammat. Lib. 3. Cap. 51.*)

Si, dans tous les colléges, si, dans toutes les facultés, on
inculquoit de bonne heure ces maximes incontestables, quel
avantage l'Etat n'en retireroit-il pas !. . . . .

(*Quo semel imbuta recens servabit odorem
Testâ diù.* . . . .
« *Horat. Ep. 2. Lib. 1.*)

Les traces des premières instructions imprimées dans des
organes encore tendres, durent toujours, lorsque la raison ve-
nant à se développer, y donne son consentement et fortifie des
vérités dont l'ame est imbue de bonne heure. Qui pourroit en
douter, en faisant réflexion sur la peine que nous avons dans un
âge avancé, de nous élever au-dessus des préjugés de l'enfance
les plus évidemment faux !

(11)   MAXIME.
« *Ea charitas patriæ est ut etiam morte nostrâ, si opus sit, eam
servemus.* »
(*Tite-Live.*)

*Ce n'est pas à nous seuls qu'appartient notre vie;
De ces momens si courts que* LE CIEL *nous départ,*
A LA SAINTE AMITIÉ *nous devons une part,
Et le reste est* A LA PATRIE.

« *Que* LA RELIGION *soit toujours la base de l'éducation scholastique et de l'éducation morale.* » (12)

« *Qu'il y ait dans les villes des écoles publiques , présidées par des citoyens d'un mérite personnel et distingué, et dont les lumières*

---

(12) APOLOGIES PHILOSOPHIQUES
de la Religion.

« QUEL PLAISIR D'AIMER LA RELIGION, *et de la voir crue, soutenue, expliquée par de si beaux génies, et par de si solides esprits!* (LES PÈRES DE L'ÉGLISE.) *sur-tout lorsqu'on vient à connoître que pour l'étendue de connoissance, pour la profondeur et la pénétration, pour les principes de la pure philosophie, pour leur application et leur développement, pour la justesse des conclusions, pour la dignité du discours, pour la beauté de la morale et des sentimens, il n'y a rien par exemple, que l'on puisse comparer à* SAINT AUGUSTIN *que* PLATON *et* CICÉRON. »
(*De la Bruyère. Chap.* 16. *des Esprits forts.*)

DÉMONSTRATION PHILOSOPHIQUE
par M. de Montesquieu, que l'amour de la vraie Religion chrétienne, est salutairement plus identique avec l'amour de la Patrie, que les trois principes politiques, créés par son vaste et profond génie, pour vivifier les trois espèces de Gouvernemens politiques qui subsistent et régissent localement les différentes régions connues du globe terrestre.

« *M. Bayle, après avoir insulté toutes les Religions, flétrit* LA RELIGION CHRÉTIENNE ; *il ose avancer que* DE VÉRITABLES CHRÉTIENS *ne formeroient pas un État qui pût subsister. Pourquoi non ? Ce seroient des citoyens infiniment éclairés sur leurs devoirs, et qui auroient un très-grand zèle pour les remplir; ils sentiroient très-bien les droits de la défense naturelle ; plus ils croiroient devoir* A LA RELIGION, *plus ils penseroient devoir* A LA PA- TRIE. *Les principes* DU CHRISTIANISME, *bien gravés dans le cœur, seroient infiniment plus forts que ce faux honneur des monarchies, ces vertus humaines des républiques, et cette crainte servile des États despotiques.* »
(*Esprit des Lois. Liv.* 24. *Chap.* 6.)

soient reconnues ; le seul objet qu'on doit s'y proposer, étant d'enseigner,

PREMIÈREMENT.

Les principes du droit naturel, qui éclaire sur les droits et les devoirs de l'homme. » (13)

DEUXIÈMEMENT.

Les principes du droit civil, qui éclaire sur les droits et les devoirs du citoyen. ») (14)

---

(13) DÉFINITION PHILOSOPHIQUE
du Droit naturel.

Le DROIT NATUREL est fondé sur la convenance et le rapport de toutes les choses qui existent ; il renferme le discernement du bien et du mal, commande l'un et défend l'autre ; il apprend à l'homme à être juste, à régler sa conduite sur ses devoirs, à vivre en homme.

C'EST LA PARTIE PRATIQUE DE LA PHILOSOPHIE, cette partie importante que nous connoissons *sous le nom de morale humaine*, qui, par les connoissances qu'on y acquiert, donne le moyen d'agir *et devient pratique ;* c'est la SCIENCE DES MŒURS.

C'est un État, où, *faisant abstraction de tout engagement volontaire,* l'on considère les hommes simplement comme hommes, qui n'ont de dépendance les uns envers les autres, que celle que LA RAISON leur montre à tous.

CE DROIT NATUREL résulte de la lumière naturelle qui découvre à tous les hommes *les obligations* ENVERS DIEU, envers eux-mêmes, et envers les autres hommes. L'AMOUR DE DIEU, l'amour de soi-même, l'amour du prochain, *sont les trois devoirs essentiels* que LA LOI NATURELLE *nous prescrit.* Cet amour, toujours essentiellement le même, se partage entre ces trois objets, et forme les engagemens qui nous lient à DIEU, à nous-même, à notre prochain.

CE DROIT *n'est point une partie de la Science du Gouvernement, mais il est le fondement sur lequel cette science est établie.*

(14) DÉFINITION PHILOSOPHIQUE
du Droit civil.

Le DROIT CIVIL est celui que la puissance publique a formé

TROISIÈMEMENT.

« *LES PRINCIPES DU DROIT PUBLIC, qui*

dans chaque Etat. *On l'appelle civil*, parce qu'il est propre à une Nation, à une multitude d'hommes qui forment une société, que les Latins distinguent par un mot qui signifie assemblage de citoyens.

« *Civitas, quasi civium unitas.* »

Chaque société civile en effet est une société d'hommes unie par les mêmes lois et par le même gouvernement ; c'est une situation où l'on considère les hommes comme ayant renoncé à la liberté indéfinie de l'état naturel, et contracté des engagemens volontaires les uns envers les autres.

LE DROIT CIVIL *se divise en deux espèces*, dont l'une qui s'appelle DROIT PRIVÉ, se rapporte à l'utilité des particuliers pris séparément ; et l'autre qu'on nomme DROIT PUBLIC, règle l'ordre général de l'Etat.

« *Hujus studii duœ sunt positiones, publicum et privatum. Publicum jus est quod ad statum rei romanœ spectat, privatum quod ad singulorum utilitatem.* »
(*Institut. de Just. et Jure.* §. *IV.*)

La première espèce descend aux affaires des particuliers, et sert à régler les contestations qu'ils ont les uns avec les autres. *Elle a trois objets*, les personnes, les choses et les actions.

« *Omne autem jus quo utimur, vel ad personas pertinet, vel ad res, vel ad actiones.* »
(*Institut. de Jure Nat. Gent. et Civ.* §. *XII.*)

Les personnes entre lesquelles s'élèvent les procès, les choses pour lesquelles on les fait ; et les actions pour lesquelles on les intente.

C'est de CE DROIT PRIVÉ qu'on apprend ce que les citoyens sont tenus de faire les uns envers les autres. C'est dans CE DROIT qu'on trouve les règles des prétentions respectives des hommes pris séparément, et en tant que vivant sous une loi commune. DE-là les règles de conduite de chaque particulier considéré à part.

Un philosophe qui, au milieu des ténèbres du paganisme, connoissoit la bonté de la loi naturelle, a dit :

Que LE DROIT CIVIL *n'est qu'une ombre du véritable droit*, et a souhaité que nous suivissions au moins cette ombre, toute ombre qu'elle est, puisqu'elle est l'idée de la vérité.

« *Sed nos veri juris permanœque justitiœ solidam et*

éclaire sur les droits et les devoirs des Na-
tions. » (15)

(*Mandat. Dourdan. etc..............*)

« *Dans le moment où la France va se régé-*
nérer, où la Constitution jusqu'à présent flot-
tante, va prendre une forme régulière et stable,
l'éducation publique étant un des objets impor-
tans dont puissent s'occuper les Etats-Géné-
raux, on insistera sur ce que LE DROIT

---

expressam effigiem nullam tenemus; umbrâ et imaginibus
utimur. Eas ipsas utinam sequeremur! Feruntur enim ex
optimis naturæ et veritatis exemplis. »

(*Cicer. de Offic. Lib. 3. Cap. 17.*)

(15) DÉFINITION PHILOSOPHIQUE
Du Droit public.

LE DROIT PUBLIC embrasse tous ce qui intéresse L'ORDRE GÉNÉRAL de la société, et par conséquent l'exécution des réglemens généraux et la manutention des lois particulières. Il a pour objet LA FORTUNE PUBLIQUE; et regarde la Nation en général, et tout ce qui tend à conserver l'Etat.

C'EST AU DROIT PUBLIC qu'est subordonnée la puissance économique et domestique que donne le mariage au mari sur sa femme, la naissance aux pères sur les enfans, la convention aux maîtres sur les domestiques.

C'EST AU DROIT PUBLIC que se rapportent les diverses fonctions de la souveraineté, et les lois appellées par excellence LOIS DE L'ETAT. De-là les régles de la conduite de chaque citoyen considéré par relation au bien général de l'Etat entier.

L'objet DU DROIT CIVIL est d'obliger les citoyens à garder les lois naturelles, et de faire régner dans la Société l'ordre et la paix, en terminant avec justice et avec promptitude les différends qui s'élèvent entre eux.

Ce que les particuliers sont AU DROIT PRIVÉ, les événemens généraux le sont AU DROIT PUBLIC. La sûreté et la tranquillité de chaque membre de l'Etat est, dans tous les Gouvernemens, l'objet DU DROIT PRIVÉ; la sûreté et la tranquillité DU SOUVERAIN, et DES DIVERS CORPS QUI COMPOSENT L'ETAT, est le but DU DROIT PUBLIC.

PUBLIC

PUBLIC FASSE, APRÈS LA RELIGION, (16)
LA BASE DE TOUTES LES ÉTUDES. » (17)

(*Mandat. Tourraine. etc.........*)

---

(16) « CETTE RELIGION AUGUSTE, *qui présente à nos esprits des vérités éternelles et des intérêts si grands, gémissante aujourd'hui, et presque foulée aux pieds, trouve par-tout les talens et les lettres armés contre elle. L'humanité qui n'est grande que par* LA RELIGION, *réunit tous ses efforts pour briser elle-même le seul appui qui la soutient. Quel est donc l'espoir de ces hommes audacieux ? Leurs efforts seront impuissans :* CE TRONC SACRÉ *peut être courbé par l'orage, mais appuyé sur des racines inébranlables, il ne peut jamais être renversé.* (*) *De nouvelles attaques ne font qu'annoncer de nouvelles victoires.* »

(*Réflexions philosophiques et littéraires sur le poëme de la Religion, par M. Thomas de l'Académie Française.*)

(*) VERITAS AUTEM DOMINI MANET IN ÆTERNUM. »
(*Psalm.* 116.)

L'erreur peut subsister et se propager durant quelque tems, se montrer même avec une espèce de triomphe ; mais LES DROITS DE LA VERITÉ SONT IMPRESCRIPTIBLES. Sa durée est mesurée sur celle des années éternelles : le moment que l'erreur lui enlève, n'est qu'un point qui disparoît dans l'immensité des siécles.

(17) ANALYSE PHILOSOPHIQUE
de la Science du Gouvernement.

Rien n'est si digne d'occuper la raison que LA SCIENCE DU GOUVERNEMENT. Cette Science a pour objet le bonheur public, et elle est la plus utile comme la plus noble des sciences humaines. On n'y trouve aucun principe dont on n'apperçoive l'application ; et la théorie s'y tourne toujours en pratique. Sans cette science les sujets ignorent des vérités et des principes qu'il leur importent de sçavoir ; les Souverains ne peuvent appuyer leur conduite, ni les Ministres leurs conseils sur des fondemens solides.

LA SCIENCE DU GOUVERNEMENT se forme de la connoissance des lois et de la politique. Ceux qui gouvernent et qui sont gouvernés doivent observer religieusement LES LOIS DIVINES, toutes les lois humaines ont rapport au Gouvernement

T

« *Que* L'ÉDUCATION PUBLIQUE SOIT PER-
FECTIONNÉE, *qu'elle soit étendue à toutes les*

---

et en dépendent; *et la politique est l'art de rendre le Gouvernement utile au peuple.* Si l'on est bien instruit de ces
diverses matières, on tient le fil de toutes les affaires de l'Univers, et l'on sçait tout ce qu'il faut sçavoir pour gouverner les
hommes, pour se conduire avec eux, pour se gouverner soi-
même.

De la raison et des lois découlent les règles de ce que nous
sommes tenus de faire comme légitime ou juste, et d'éviter
comme criminel et injuste. Ces règles ont leur application propre A CINQ DIFFÉRENTES SITUATIONS où nous pouvons
nous trouver, et qui doivent fixer ici notre attention.

1°. *Nous naissons hommes, et nous avons, en tant
qu'hommes, notre propre raison pour règle.*

2°. *Nous devenons citoyens, et nos devoirs envers nos
concitoyens nous sont montrés par les règles établies dans
la société civile où nous vivons. Nous devons respecter
l'ordre général de cette société, et obéir aux lois du Souverain qui la maintient.*

3°. *Nous professons* UNE RELIGION AUTORISÉE *par
l'État, et qui a des rapports essentiels avec l'État. Comme
membre* DE L'ÉGLISE, *indépendamment des devoirs in-
térieurs qui n'ont de rapport qu'à notre salut particulier,
nous en avons d'extérieurs à remplir, et envers* L'ÉGLISE,
et envers l'État dans lequel L'ÉGLISE *se trouve.*

4°. *Nous appartenons à tout le genre humain, et il est
des devoirs réciproques entre les sociétés civiles.*

5°. *La société dont nous sommes les membres est enfin
un corps politique qui a ses besoins généraux, toujours pré-
férables aux besoins particuliers. Les lois elles-mêmes doivent, dans certaines occasions garder le silence; et les intérêts particuliers, céder à la raison suprême du bien public.*

DE-LÀ CINQ SCIENCES DISTINCTES dont l'assemblage forme
LA SCIENCE DU GOUVERNEMENT.

1t. LE DROIT NATUREL, *qui est le même par-tout, et
qui est commun à tous les hommes.*

2t. LE DROIT PUBLIC, *qui est ou peut être différent
dans chaque pays, et qui est commun à tous les citoyens
du même État.*

3t. LE DROIT ECCLÉSIASTIQUE, *qui est fondé sur* LA

classes de citoyens ; qu'il soit rédigé par-tout le Royaume un livre élémentaire, contenant sommairement les points principaux de la Constitution ; qu'il serve par-tout à l'Education de la jeunesse, et à la première instruction de l'enfance, (18) et que les Français apprennent en naissant, A CONNOITRE, A RESPECTER, A CHÉRIR LEURS LOIS. » (19)
(*Mandat. Paris. etc.........*)

RELIGION *et autorisé par l'Etat, et qui règle la conduite de tous les membres de l'Etat, comme fidèles.*

4t. LE DROIT DES GENS, *qui est le même pour toutes les Nations, et qui fixe les devoirs d'un peuple envers un autre peuple, et conséquemment ceux des particuliers d'un pays envers les membres des autres Etats.*

5t. LA POLITIQUE, *c'est-à-dire la connoissance des intérêts de l'Etat, et cette prudence qui règle les démarches* DU SOUVERAIN, *et* LE DIRIGE VERS LE BONHEUR COMMUN *des sujets.*

Telle est l'idée générale des sources où l'on peut puiser la connoissance des devoirs des hommes, et celle des règles du commandement et de l'obéissance.

(18) M A X I M E.

Doctrina sed vim promovet insitam,
Rectique cultus pectora roborant :
Ut cumque defecere mores,
Dedecorant bene nata culpæ.

(*Horat.*)

« L'instruction fortifie la nature ; une sage culture affermit le cœur dans le bien, et si l'éducation n'a réglé les mœurs, le plus beau naturel est bientôt dégradé par les vices. »

C'est peu que dans une ame avec profusion,
LE CIEL ait répandu les germes du mérite :
Il faut encor que l'Education
La forme au bien, la modère ou l'excite.
Otez-lui Phénix et Chiron,
Achille deviendra Thersite.

(19) CONSÉCRATION PHILOSOPHIQUE de cette bien précieuse, salutaire et nationale morale politique.

LA LOI doit être pour la Nation, ce qu'étoit LE JUPITER

RÉFLEXIONS

Un principe que les citoyens de tous les pays doivent avoir constamment devant les yeux, c'est que la force de la loi n'est pas formellement dans la justice, mais dans l'autorité du législateur, ou pour m'exprimer en d'autres termes :

Que l'obéissance à la loi n'est pas attachée à la justice de ses dispositions, mais à l'autorité du législateur.

La désobéissance aux lois, s'il est permis de parler ainsi, est une maladie épidémique qui se communique rapidement à toutes les parties de l'État et qui le ruine. Dès que quelques particuliers peuvent désobéir impunément, le reste de la Nation devient indocile.

La loi ne doit pas être portée sans des raisons solides ; mais dès qu'elle est faite, elle forme un

---

tonnant pour Phidias, après que son ciseau l'eût créé. Il faut que la Nation, *par l'organe intermédiaire et fidèle de ses Députés et Mandataires, respectifs, aux Etats-Généraux,* fasse la Loi, et la propose très-respectueusement au Roi, pour la sanctionner par l'adhésion de son équité, de sa volonté royale.

(« *Le respect dû à la Majesté royale, paroît exiger que les lois prennent naissance dans les Etats-Généraux, pour être agréées ou refusées par le Roi, sans qu'il soit nécessaire en aucun cas, que Sa Majesté explique les motifs de son refus.* »

Mandat. Banlieue de Paris. etc....

« *Il n'y aura de loi en France que celle qui aura été proposée par les Etats-Généraux et sanctionnée par le Roi.* »

Mandat. Lyon. etc..........)

La Loi, consacrée constitutionnellement de cette manière par le Roi, souverain Chef et Seigneur des Français, Législateur, Magistrat suprême de son Royaume, il faut que la Nation se prosterne ensuite devant son ouvrage pour l'adorer.

engagement absolu, et exige une exécution exacte, non à cause des raisons qui ont donné lieu à son établissement, mais par rapport à l'autorité supérieure de qui elle émane.

S'il en étoit autrement, les Edits et les Ordonnances des Princes seroient confondus avec les avis des docteurs et les conseils des Jurisconsultes qui n'ont de force qu'autant que la raison leur en donne.

Qu'y auroit-il de plus absurde!

Chaque particulier anroit droit d'examiner les lois, et ne seroit tenu de les observer, qu'autant qu'il les auroit approuvées, ce qui seroit la plus étrange confusion du monde, et réduiroit la puissance politique à une pure chimère.

La société civile est formée de l'union de toutes les volontés en une seule. L'obéissance des particuliers, à l'égard de la société ou de celui qui la représente éminemment est donc ce qui la constitue. Le Souverain en donnant des lois, soumet les lumières mêmes de ses sujets. On lui doit obéir parce qu'il commande, et non pas parce que ce qu'il ordonne paroît juste.

C'est ce que les lois civiles ont exprimé :

« *Prætor quoque jus reddere dicitur, etiam cùm iniquè decernit. Relatione scilicet factà non ad id quod fecit Prætor, sed ad illud quod Prætorem facere convenit.* »

(*ff. de Justitiâ et Jure. Lib. XII.*)

Maxime du Droit civil.

« *Res judicata pro veritate habetur.* »

L'on doit toujours présumer que l'arrêt est conforme à la vérité, et il n'est pas permis de l'examiner, parce qu'au moyen du jugement tout est consommé.

A Sparte, pour maintenir le Gouvernement sans altération, on s'appliquoit avec un soin particulier à élever les jeunes gens, *suivant les lois et les mœurs du pays*, afin qu'enracinées et fortifiées par une longue habitude, elles devînssent en eux comme une seconde nature.

On accoutumoit les enfans dès l'âge le plus tendre à une parfaite soumission au lois, aux Magistrats, à toutes les personnes en place.

Ce n'étoit pas seulement les petits, les pauvres, les citoyens du commun qui étoient soumis aux lois; c'étoient les plus riches, les plus puissans, les Magistrats, LES ROIS EUX-MÊMES. Ceux-ci ne se distinguoient des autres, que par une obéissance plus exacte, persuadés que c'étoit le moyen le plus sûr de se faire eux-mêmes obéir et respecter par leurs inférieurs.

De-là les réponses si célèbres de DÉMARATE.

XERXÈS ne pouvoit comprendre que les Lacédémoniens, sans maître qui pût les contraindre, fussent capables d'affronter les périls et la mort.

« *Ils sont libres et indépendans de tous les hommes, répliqua DÉMARATE, mais ils ont au-dessus d'eux la loi qui leur commande de vaincre ou de mourir.* »

(*Hérodot. Lib.* 7. *Cap.* 145. 146.)

CHARONDAS, législateur à Thurium, voulut que tous les enfans des citoyens fussent instruits dans les belles-lettres dont l'effet propre est de polir les esprits et de civiliser les Nations, d'inspirer des mœurs douces et de porter à la vertu; (20)

---

(20) MAXIME.

« *Studia adolescentiam alunt, senectutem oblectant, secundas res ornant, adversis perfugium ac solatium præ-*

ce qui fait le bonheur d'un Etat est également nécessaire à tous les citoyens.

CHARONDAS, dans cette vue, stipendia des
maîtres publics, afin que l'instruction étant gra-
tuite, pût devenir générale. Il regardoit l'ignorance
comme le plus grand des maux et comme la
source de tous les vices.

(*Hist. Univers. de Diodore de Sicile. Liv.* 12.
Just. Lips. Monit. et Exempl. Polit. Lib. 12.
Cap. 9.)

---

bent, delectant domi, non impediunt foris , per noctant no-
biscum , peregrinantur , rusticantur. »
(*Cic. Tuscul. lib.* 3 *, n:* 13.)

« *Les lettres forment la jeunesse , et font le charme de*
l'âge avancé. La prospérité en est plus brillante. L'adver-
sité en reçoit des consolations ; et dans nos maisons , dans
celles des autres , dans les voyages , dans la solitude, en
tous tems , en tous lieux , elles font la douceur de notre vie. »

CONCLUSION.

« *Pulchrum est benè facere. rei publicæ, etiam benè dicere haud absurdum est.* »

(*Sallust. Bell. Catilin. Cap.* 3.)

« *C'est une chose louable d'avancer les intérêts de la patrie; mais il n'est pas moins raisonnable d'en parler avantageusement.* »

L'APOLOGIE PATRIOTIQUE de la Constitution régulière, purement monarchique de la France, et de son Gouvernement patriarchal, absolu, juste et paternel, *n'étant pas une satyre*, me seroit-il permis,

(*Néanmoins sans m'écarter de cette modération qui sied si bien à la vérité.*)

(*) me seroit-il permis *d'appliquer avec jus-tesse* AUX ETATS-GÉNÉRAUX DE 1789, *ce que Lactance a dit* POUR LES PHILOSOPHES :

« *Il est cependant vrai que, parmi tous les philosophes, il n'en est aucun qui n'ait apperçu des vérités importantes, mais ils n'ont jamais sçu ce que c'est* QU'UN CORPS DE DOCTRINE, *quoiqu'ils en aient entrevu chaque partie. Chacun de son côté a trouvé quelqu'unes des pièces qui doivent y entrer; mais ils ne sont pas venus à bout de les assembler, ni de détruire les conséquences des principes. On voit bien que toutes les vérités se trouvent semées parmi les diverses sectes, aucune d'entre elles n'étant dépourvue de si bons esprits, qu'ils n'aient saisi une portion du vrai : mais tandis que, pour disputer, ils défendent chacun leurs opinions, quoique fausses, et combattent celles d'autrui, quoique vraies; il arrive que la vérité qu'ils paroissent chercher leur échappe, ou plutôt*

(*) M A X I M E.

« *LA VÉRITÉ doit toujours être défendue avec les armes de la Charité, et l'on s'oppose soi-même au progrès qu'elle peut faire, quand on l'annonce avec un ton d'aigreur.* »

(*Racine.*)

qu'ils

qu'ils la perdent par leur propre faute. Que s'il s'étoit trouvé quelqu'un D'UN GÉNIE ASSEZ SUPÉRIEUR pour ramasser ce qu'il y a de meilleur dans chaque école et EN FORMER UN CORPS COMPLET, (*) cet homme-là ne différeroit pas de nous. Mais cela exigeroit nécessairement qu'il possédât au plus haut degré LE DISCERNEMENT DU VRAI : Eh! qui le peut, s'il n'est instruit par DIEU-MÊME ? »

(Lactance. De Vitâ beatâ. Lib. VII.)

(*) TEL EST LE GÉNIE SUPÉRIEUR DES TROIS ORDRES DE LA NATION FRANÇAISE, dont je ne suis que le bien pur, fidèle et littéral Editeur. GÉNIE SUPÉRIEUR, concordant parfaitement AVEC LES PLUS PURES MAXIMES DE LA RAISON, DE LA RELIGION et DU DROIT, ainsi qu'il est aisé de s'en convaincre partiellement par le Précis de oe Code de Législation française ; conviction entièrement établie et développée dans les trois Chartes fondamentales, Transactions nationales, composant le Code de Législation française, ci-devant énoncé. GÉNIE SUPÉRIEUR, manifesté avec la plus haute, la plus profonde, la plus judicieuse et équitable sagesse dans tous les pouvoirs et mandats impératifs, donnés unanimement en 1789, par les trois Ordres de la Nation française, à leurs Députés et Mandataires respectifs.

M'étant patriotiquement identifié avec CE GÉNIE NATIONAL, lui seul m'a dirigé infailliblement dans la composition, dans la rédaction de ces trois Chartes fondamentales, Transactions nationales, établissant salutairement,

1°. LA VRAIE LIBERTÉ POLITIQUE de la Constitution régulière, purement monarchique de la France.

2°. LA VRAIE LIBERTÉ PUBLIQUE de la Nation française.

3°. LA VRAIE LIBERTÉ CIVILE de tous les sujets de l'Empire français.

Conséquemment fixant invariablement, sous tous leurs rapports fondamentaux et constitutionnels, la félicité et la prospérité de la Nation française.

FIN

V

ENVOIS

FAITS,

1°. Le 24 Février 1792. 2°. Le 25 Novembre 1796.

A MESSIEURS

. . . .

DÉPUTÉS DU DÉPARTEMEMT DE . . . .

Aux diverses Assemblées qui ont suivi les Etats-Généraux de 1789.

DU PRÉCIS

D'un Code de Législation française, composé, de trois Chartes fondamentales. Transactions nationales.

CONCERNANT

1°. La vraie Liberté politique de la Constitution régulière, paternelle, purement monarchique de la France.

2°. La vraie Liberté publique de la Nation française.

3°. La vraie Liberté civile de tous les sujets de l'Empire français. (1)

Tolle moras semper nocuit differre paratum.
(*Lucan.*)

Il est temps de sauver d'un naufrage funeste,
Le plus grand de nos biens, le plus cher qui nous reste,
Le droit le plus sacré des mortels généreux,
LA LIBERTÉ : c'est-là que tendent tous nos vœux.
(*Voltaire.*)

MESSIEURS,

Les décrets de la raison et de l'honneur, pour

---

(1) RÉPONSES CIRCONSPECTES
Faites à l'Auteur de ces Envois.

« ESTIMABLE CITOYEN. »
« HOMME ÉCLAIRÉ. »

« Vous m'avez toujours gratifié de vos Ouvrages dont je fais grande estime, c'est faute de loisir que je ne vous

en fixer salutairement la stabilité consolante et bienfaisante, devant être préalablement consacrés par
l'assentiment infaillible de la vertu et de la sagesse,
c'est d'après la pureté de ce motif patriotique dont
dont je suis exclusivement animé, que je me suis
déterminé à vous adresser en VOTRE AUGUSTE
QUALITÉ DE DÉPUTÉ,

Sept cent cinquante exemplaires du Précis
d'un Code de Législation française, composé
de trois Chartes fondamentales, Transactions
nationales, formant un Répertoire exact de
ces mêmes Décrets tutélaires, dictés unani-
mement et impérativement en 1789, par les
trois Ordres de la Nation française, à leurs

---

ai pas écrit. La brochure ci-jointe est peut-être étrangère
à vos occupations, mais elle ne le sera pas à votre huma-
nité. Agréez-la avec les remerciemens sincères de votre
serviteur. »

« *Signé* . . . . *Député.* »

« *M O N S I E U R*,

« *Je suis bien loin de mériter les éloges que vous avez*
la bonté de me prodiguer, que je ne sçais comment vous
exprimer les sentimens dont je suis pénétré. Votre bienveil-
lance pour moi et un suffrage tel que le vôtre sont de grands
encouragemens. Vous y ajoutez le bienfait de m'instruire
par différens Ouvrages, fruit de la méditation et de l'ex-
périence. C'est un motif nouveau pour ma reconnoissance
envers vous. Avec quelle impatience je vais attendre les
développemens de ce Code dont vous avez tracé les bases
avec tant de raison, de justice et d'humanité! Personne ne
prendra plus de part que moi au sujet de vos réflexions
sur ce grand objet. En fécondant les miennes, elles les jus-
tifieront ou m'apprendront à les rectifier. »

« *Je suis avec respect*,

« *Signé* . . . . *Député.* »

NOTA.

Toutes les autres et diverses lettres que j'ai reçues en différens tems de plusieurs Députés, sont conçues, aussi honorablement pour moi, dans le même esprit et la même circonspection.

Députés et Mandataires, respectifs, aux Etats-Généraux, convoqués paternellement par LE ROI, pour s'occuper de concert avec SA MAJESTÉ *des grands objets d'utilité publique, et de tout ce qui pourroit contribuer au bonheur de ses Peuples.*

Je vous supplie bien instamment, MESSIEURS, de vouloir bien prendre la peine de faire faire sous vos yeux, *une distribution exacte de ces mêmes sept cent cinquante exemplaires,* A CHACUN DE MESSIEURS VOS COLLÈGUES, pour les mettre à même de coopérer, *en connoissance de cause,* à la consécration nationale de ces mêmes Décrets, *estampe fidèle* du patriotisme, du génie, du caractère, des mœurs antiques de la Nation française. (2)

Votre suffrage, MESSIEURS, et le leur, *en immortalisant* EN FAVEUR DES AUGUSTES MINISTRES DE MA PATRIE, *le choix honorable et mérité* qu'en a fait la Nation française, pour stipuler *patriotiquement* ses sacrés et précieux intérêts; votre suffrage, dis-je, et le leur peuvent seuls couronner mes veilles politiques, mes conceptions et mes propositions patriotiques, *tendant exclusivement à établir imperturbablement,* CONFORMÉMENT AU VŒU UNANIME, SACRÉ ET INVIOLABLE DES TROIS ORDRES DE LA NATION FRANCAISE, si judicieusement, si équitablement, si lumineusement manifesté en 1789, dans tous leurs

---

(2) DÉCRET NATIONAL.

« *C'est aux Etats-Généraux à mettre la main à cet important ouvrage et à le finir ; c'est a eux à faire avec* LE SOUVERAIN LE SAINT CONTRAT *qui doit toujours exister entre* UN PEUPLE *et* SON ROI. »

(*Mandat. Ponthieu. etc.* ....)

Pouvoirs et Mandats impératifs, à leurs Députés et Mandataires, respectifs,

1°. *LA VRAIE LIBERTÉ POLITIQUE de la Constitution régulière, paternelle, purement monarchique, de la France.*

2°. *LA VRAIE LIBERTÉ PUBLIQUE de la Nation française.*

3°. *LA VRAIE LIBERTÉ CIVILE de tous les sujets de l'Empire français; conséquemment la sûreté, la tranquillité, le bonheur de tous mes compatriotes.*

J'attendrai, MESSIEURS, *avec sécurité,* votre jugement et celui de MESSIEURS VOS COLLÈGUES sur ces trois Chartres fondamentales, Transactions nationales, les plus importantes que l'imagination de l'homme puisse jamais embrasser, desquelles dépend le trouble ou le repos, le bonheur ou le malheur, la sûreté ou la possibilité d'anéantissement d'une Nation *de vingt-cinq millions d'hommes; oui de vingt-cinq millions d'hommes!*

Que toutes les réflexions de l'esprit et de la morale s'arrêtent sur ce nombre imposant; que DES MINISTRES NATIONAUX *frémissent* en mesurant la petitesse de l'espace qu'ils occupent par rapport à tant d'individus multipliés par leurs générations, et en pensant à l'influence de leur opinion sur tant de destinées!

UNE SAGE POLITIQUE qui tend au bonheur des hommes, pose avec lenteur les fondemens de ses desseins, les éprouve et les rassure encore. Le tems et les précautions les rendent inébranlables. (3)

_____

(3)   DÉCRET   NATIONAL
consacrant cette maxime.

« *Toute délibération des Etats-Généraux, concernant la*

Si, MESSIEURS, d'après la pureté de mes veilles politiques, j'étois assez heureux *de les voir immortalisées* PAR LA SANCTION NATIONALE DES MINISTRES DE MA PATRIE, j'oserois alors vous supplier *avec une respectueuse importunité*, de vouloir bien m'obtenir DE MESSIEURS VOS PATRIOTES COLLÈGUES,

1°.

L'autorisation spéciale et par écrit de répandre par la voie de l'impression, dans toute l'étendue de la France, conformément au vœu unanime, sacré et inviolable de la Nation française, quelques milliers d'exemplaires du Précis de ce Code de Législation française, (4) suivant le Prospectus ci-joint d'une souscription

---

législation et les finances, sera rédigée en forme de loi, AU NOM DU ROI *et* DES ETATS-GÉNÉRAUX : *aussi-tôt qu'elle sera arrêtée, elle sera rendue publique par la voie de l'impression, et délibérée encore deux fois dans l'assemblée; savoir : quinze jours après la première publication, et après la quinzaine suivante.* CETTE TRIPLE DÉLIBÉRATION *aura également lieu pour les lois qui seront proposées par* SA MAJESTÉ. *»*

(*Mandat. Rennes. Paris. Montfort-Lamaury. Clermont-Ferrand. etc*......)

(4)   VŒU UNANIME

de la Nation française, concernant la publicité instructive de tous les Ouvrages patriotiques, où les vraies lumières se trouvent, où la vérité se montre à découvert, où le mensonge craint d'être surpris.

« *Que les Etats-Généraux choisissent dans la capitale ou dans les provinces des Commissaires* POUR TRAVAILLER A UN CODE QUI EMBRASSE TOUTES LES DIFFÉRENTES PARTIES DE NOTRE LÉGISLATION, *et s'étende à tous les pays; que les projets soient annoncés et répandus par la voie de l'impression; qu'il soit proposé des prix pour les meilleurs plans ; et* QU'AUCUN NE REÇOIVE LA SANCTION

désintéressée que je propose avec confiance à tous mes compatriotes. (5)

2°.

La Commission honorable d'être le porteur aussi pur que fidèle des propositions nationales DE MESSIEURS VOS BIENFAISANS COLLÈGUES, *relatives à ces trois Chartes fondamentales, Transactions nationales.*

Je suis bien persuadé, MESSIEURS, que MESSIEURS VOS COLLÈGUES, pour des Transactions aussi importantes, pourront choisir des personnes beaucoup plus éclairées que moi, *douées de cette magique éloquence* (6) qui, en prévoyant et applanissant toutes difficultés, prépare, séduit,

---

DU MONARQUE *et* DES ETATS-GÉNÉRAUX, SANS AVOIR SUBI L'EXAMEN *et* LE JUGEMENT DU PUBLIC. »
(*Mandat. Clermont-Ferrand. Paris. Dijon. etc.* . . . .)

M A X I M E S.

« *Virtutem doctrina paret.* »
(*Horat. Ep. 18. lib. 1.*)

Heureux lorsque le peuple instruit dans son devoir,
Respecte autant qu'il doit, le souverain pouvoir !
(*Voltaire.*)

(5) ### M A X I M E.

« *L'argent est l'alliage de l'honneur.* » (*)
(*M. De Chevert. Histoire de l'Honneur français, par M. de Sacy.*)

(*) Lorsque MARCUS MARCELLUS dédia un temple à L'HONNEUR et à LA VERTU, *on le sépara en deux,* de manière qu'il falloit passer par celui de LA VERTU pour arriver à celui DE L'HONNEUR.

(6) Si lumineusement définie par le plus profond et le plus célèbre des Orateurs philosophes de l'antiquité.

« *Flexanima atque omnium Regina rerum oratio.* »
(*Cicer. de Divinat. Lib. 1, n. 80*)

entraîne et captive tous les suffrages; mais je ne crains pas de vous assurer hautement que *leur choix généreux ne pourra tomber sur un plus vrai français*, (7) qui soit en même tems plus sincèrement et exclusivement dévoué à leurs vrais intérêts, à tous ceux de ses bien chers compatriotes; conséquemment à la splendeur et au bonheur de ma Patrie.

Si, MESSIEURS, après avoir été honoré par MESSIEURS VOS COLLÈGUES d'une négociation aussi importante, j'étois heureusement parvenu, *par un résultat salutaire, à remplir complettement les vues patriotiques* DE MES ILLUSTRES COMMETTANS, c'est alors que *secondé* par le vœu unanime, sacré et inviolable DE L'ORDRE DU TIERS-ETAT, ainsi conçu :

« *Il sera établi une récompense honorable et civique, purement personnelle, et non héréditaire, laquelle* SUR LA PRÉSENTATION DES ETATS-GÉNÉRAUX, (8) *sera déférée sans dis-*

---

(7)   Qui peut souffrir avec courage
L'affreuse pauvreté, les insultes du sort,
Qui craint l'ombre du crime et ne craint pas la mort.

(8)   M A X I M E.

« La monnoie de l'Honneur distribuée sur la présentation DE LA SAGESSE, ne s'épuise jamais, et produit sans cesse les fruits les plus utiles.

« *Il seroit encore à souhaiter que* LE ROI *voulût bien accueillir avec sa bonté ordinaire la supplication que lui feroient les Etats-Généraux de donner entrée dans ses conseils à un nombre de personnes éclairées, et d'une probité reconnue, que* SA MAJESTÉ *leur permettroit de lui présenter.* »
(*Mandat. Mantes et Meulan. etc.....*)

« *C'est un extrême bonheur pour les peuples, quand* LE PRINCE *admet dans sa confiance, et choisit pour le ministère ceux mêmes qu'ils auroient voulu lui donner, s'ils en avoient été les maîtres.* »
(*De la Bruyère. Chap.* 10. *Du Souverain.*)

tinction

tinction par LE ROI, (9) *aux Citoyens de toutes les classes qui l'auront méritée par l'éminence de leurs vertus patriotiques, et par l'importance de leurs services.* »

(*Mandat. Ordre du Tiers-Etat. Paris. etc.....*)

C'est alors, dis-je, que honorablement de retour *dans le sein bienfaisant* DES AUGUSTES MINISTRES DE MA PATRIE FORTUNÉE, j'oserais les supplier avec une reconnoissance illimitée, de vouloir bien m'obtenir DU ROI, conformément au vœu unanime, sacré et inviolable de ses fidèles sujets, *pour récompense civique de mon zèle éclairé* pour les intérêts sacrés et identiques de SA MAJESTÉ et DE MA PATRIE;

PREMIÈREMENT.

Un médaillon d'or sur lequel seroit peint en miniature LE PORTRAIT DU ROI, *entouré de diamans; au bas duquel seroit ménagée une exergue pour y placer l'inscription suivante :* DONNÉ PAR LE ROI, LE . . . . , SUR LA PRÉSENTATION DES ETATS-GÉNÉRAUX, *au*

---

(9) CONSÉCRATION PHILOSOPHIQUE de cette prérogative fondamentale et constitutionnelle des Monarques français.

« *Honorabitur quem voluerit* REX *honorari.* »
(VI. *Lib. d'Esther.*)

« *Ab eo tanquam à fonte profluunt omnium dignitatum rivuli.* »
(*Balde.*)

« *A principe exeunt omnes dignitates ut à sole radii.* »
(*Cassiodore. Lib. 6. Variar. Epist.* 18.)

« Le Monarque est à la splendeur de son Royaume, ce qu'est le Soleil à l'Univers. Il rend ses sujets resplendissans, lorsque par la pureté de leurs vertus patriotiques, ils se sont rendus dignes d'être immortalisés par les justes faveurs de sa bienfaisance royale et paternelle.

X

Citoyen Français régnicole, M**artin-J**ean-B**ap-
tiste** G**oupy**, *pour l'éminence de ses vertus
patriotiques, et pour l'importance de ses services. Sur le revers duquel médaillon seroient
peintes aussi en miniature les armes de France,
entourées de cette légende :* C**uncta**ndo **res-
titui**t **rem.** *Lequel médaillon je serois autorisé à porter en sautoir, tenu par un ruban,
couleur ponceau, de la largeur de trois doigts,
brodé en paillettes d'or.* (10)

D E U X I È M E M E N T.

*Le titre national, purement et gratuitement
honorifique,* de S**ecrétaire-général perpétuel des** E**tats-Généraux,** *sans voix deli-*

---

(10)   C**onsécration   nationale**
de cette émulative morale politique.

« *L'amour de l'honneur, de la gloire, de* s**on** R**oi**,
étant le caractère distinctif de la Nation française, S**a**
M**ajesté** *sera suppliée d'employer ces trois puissans mo-
biles dans la distribution des récompenses aux citoyens de
tous les Ordres.* »

(*Mandat. Orléans. etc.* .....)

C'est ainsi que mettant à profit les passions des hommes, LA
P**olitique** fait servir AU BIEN PUBLIC la vanité des citoyens.

V**œu** **unanime** **de** **l'Ordre** **du** T**iers-Etat.**
Concernant la refonte salutaire de la monnoie bien précieuse
et nationale de l'Honneur.

« *Il est une monnoie idéale, mais puissante, bien précieuse et bien chère dans un Royaume comme la France,
c'est le trésor de l'Honneur : trésor inépuisable si
l'on y sçait puiser avec sagesse. Les Etats-Généraux rendront au peuple et à la postérité un service signalé, s'ils
trouvent le moyen de refrapper en quelque sorte cette monnoie nationale, et de lui rendre assez de cours pour qu'elle
puisse suppléer (comme cela fut autrefois, comme cela
peut être encore) à ces vils et honteux salaires toujours*

bérative, mais simplement consultative; (11)
auquel titre national seroit inhérente la pré-
rogative honorifique, d'être, lors de la tenue
périodique des Etats-Généraux, (12) convo-
qués par LE ROI, (13) placé dans le sanc-

évalués en argent, et qui ne sçauroient être le prix de
l'héroïsme et de la vertu. »

(*Mandat. Ordre du Tiers-Etat. Toul. etc.* . . . . . .)

(11) CONSÉCRATION NATIONALE
de cette émulative morale politique.

« *Que l'on puisse appeler, s'il est nécessaire, toute per-*
sonne hors des Etats-Généraux, en état de discuter les
plans proposés, et d'en offrir de nouveaux. »

(*Mandat. Nemours. etc.* . . . . .)

(12) CONSÉCRATION NATIONALE
de la périodicité des Etats-Généraux.

« *Le droit de la Nation est de déterminer et de fixer,*
selon qu'elle le juge convenable à ses besoins, le retour pé-
riodique des Etats-Généraux, lesquels elle veut être désor-
mais tous les cinq ans, sans que sous aucun prétexte, ces
assemblées puissent être omises ou différées, de sorte qu'à
défaut de convocation expresse en l'année déterminée, elles
soient de droit indiquées au premier Mai de ladite année,
en la ville de. . . . . »

(*Mandat. Dijon. etc.* . . . . . .)

« *On demandera avec instance, que pour écarter tout ce*
qui pourra empêcher le retour périodique des Etats-Géné-
raux, les Députés auxdits Etats-Généraux s'abstiennent
de former aucune Commission intermédiaire. »

(*Mandat. Evreux. Châalons. Auxerre. Lyon.*
Vitry-le-Français. etc. . . . . . .)

(13) CONSÉCRATION NATIONALE
de la prérogative fondamentale et constitutionnelle, attribuée
aux Monarques français, de convoquer les Etats-Généraux.

« *Qu'il plaise à SA MAJESTÉ assurer la perpétuité du*
bienfait qu'elle a si libéralement accordé à ses peuples, en
ordonnant la convocation des Etats-Généraux après une
longue interruption, et qu'elle daigne mettre le comble à

X 2

tuaire DES AUGUSTES MINISTRES DE MA PATRIE
FORTUNÉE, *au pied du siége* DU PRÉSIDENT DE
LA CHAMBRE DE L'ORDRE DU TIERS-ETAT, *pour
être présent à leurs scavantes et patriotiques
délibérations,* (14) *afin d'y puiser des flots de
lumières, qui me procureroient le précieux et
inestimable avantage de donner avec plus de
confiance de ma part, des avis mieux fondés,
lorsque* LES ETATS-GÉNÉRAUX, MES AUGUSTES
BIENFAITEURS, *jugeroient à propos ou daigne-
roient me consulter.* (15)

---

*sa bonté et à sa justice, en consentant qu'ils soient pério-
diquement convoqués à des époques fixes et rapprochées.* »
(*Mandat. Paris. etc. . . . .*)

« *Qu'à chaque tenue des Etats-Généraux, l'époque de
la tenue suivante soit concertée entre* LE ROI *et lesdits
Etats, et qu'elle soit solemnellement indiquée.* »
(*Mandat. Vicomté de Paris. etc. . . . . . .*)

(14)   INSCRIPTION   NATIONALE
à mettre sur le frontispice du palais des Etats-Généraux.

« *EGO SAPIENTIA HABITO IN CONSILIO ET ERUDITIS
INTERSUM COGITATIONIBUS.* »
(*Ecclesiast.*)

(15)   CONSÉCRATION   NATIONALE
de cette émulative et bienfaisante morale politique.

« *Qu'il soit établi par les Etats-Généraux, pour s'occuper de la refonte générale des lois, une commission qui,
pour s'éclairer dans son travail, soit autorisée à demander
les lumières des juges, des jurisconsultes et des vrais scavans
du Royaume.* »
(*Mandat. Anjou. etc. . . . .*)

« *Qu'il soit formé au commencement de la prochaine
tenue des Etats-Généraux, un conseil de personnes les
plus éclairées, pour s'occuper d'un objet aussi important
que la réforme du code criminel. Ce conseil ne doit pas
être seulement composé de magistrats et de jurisconsultes ;
la vertu la plus éclairée n'est pas à l'abri de la séduction
du préjugé. Il est nécessaire d'y admettre des citoyens de*

« Honos alit artes, omnesque incen-
duntur ad studia gloriæ. » (16)
(*Cicer. Tuscul. Quœst. n. 1. Lib. 4.*)

La Politique, MESSIEURS, n'est sage
que quand elle sçait intéresser les passions au
maintien du bon ordre, et par une combinaison
adroite et sçavante, les en rendre garantes.

Je suis avec respect,

M E S S I E U R S,

Votre très-humble et très-obéissant,
et le plus dévoué de vos compatriotes.
GOUPY DE MORVILLE.

tous les États, et de tous les Ordres, et de ceux sur-tout
qui ont été à portée d'étudier la Jurisprudence criminelle
d'Angleterre. »
(*Mandat. Blois. Paris. etc.* . . . .)

(16)   D e v i s e
de la Nation française.

Des Lois que nous suivons la première est l'Honneur.
(*Voltaire.*)

« L'Honneur, ce ressort le plus puissant que le Législateur puisse mettre en œuvre pour parvenir au grand but du
bien général. Vérité importante, apperçue par L'ILLUSTRE
MONTESQUIEU, mais qu'il n'a peut-être pas assez développée
pour les esprits ordinaires, qui n'ont vu qu'une opinion systématique dans l'idée la plus grande, la plus féconde et la plus
utile. »   (*Esprit Militaire. Chap. 18.*)

www.ingramcontent.com/pod-product-compliance
Lightning Source LLC
Chambersburg PA
CBHW031326210326
41519CB00048B/3346